COMUNICAZIONE PERSUSIVA

2 libri in 1 - Tecniche di manipolazione mentale avanzata per vincere a tavolino qualsiasi tipo di interazione attraverso il potere della PNL e della PERSUASIONE

Di

Edoardo Beltrame

Indice

PNL

Come farti dire di sì senza alcuna resistenza in modo scientifico e prevedibile attraverso le più moderne tecniche di manipolazione mentale

Di

Edoardo Beltrame

Disclaimer:

Si prega di notare che il contenuto di questo libro è esclusivamente per scopi educativi e di intrattenimento. Ogni misura è stata presa per fornire informazioni accurate, aggiornate e completamente affidabili. Non sono espresse o implicate garanzie di alcun tipo. I lettori riconoscono che il parere dell'autore non è da sostituirsi a quello legale, finanziario, medico o professionale.

Storia della PNL

È possibile ottenere grandi risultati in breve tempo?

Questo è quello che si chiesero negli anni 70' tre ricercatori americani: **John Grinder**, **Frank Pucelik**, **Richard Bandler**.

I due studiosi che iniziarono i lavori di ricerca furono Richard Bandler e Frank Pucelik, in un secondo momento si aggregò a loro John Grinder.

I risultati che ottennero dalle loro ricerche non solo furono sorprendenti ma permisero a molte persone di cambiare la loro attitudine di vita.

Iniziarono questa ricerca nel momento in cui si accorsero che alcuni uomini riuscivano a raggiungere in pochissimo tempo risultati eccezionali, fuori dalla media.

Se ti sei mai chiesto come fanno alcune persone ad ottenere grandi risultati in breve tempo, in questo libro troverai una soluzione che ti potrà inspirare.

Dopo aver letto questo libro spero che cambierà qualcosa dentro di te.

Il mio obiettivo è quello di farti realizzare dei cambiamenti positivi che possano portare dei grandi benefici sia nella tua vita che nel tuo lavoro.

Non ti fornirò delle formule magiche ma un metodo che è stato testato e applicato nel tempo da milioni di persone in tutto il mondo che hanno raggiunto grandissimi risultati.

Non voglio dirti che al termine della lettura di questo libro automaticamente la tua vita sarà cambiata per sempre. Voglio che però questo sia un punto di partenza per creare qualcosa di positivo.

Ti chiedo di non avere fretta e leggere tutte le informazioni immediatamente, questo libro è un piccolo manuale che puoi consultare ogni volta che ne avrai bisogno.

Quello che stai per affrontare è un vero e proprio piccolo percorso formativo. Ho inserito all'interno di questo libro diverse tecniche che potranno essere molto utili per te.

L'inizio della PNL

Richard Bendler scelse come indirizzo di studi psicologia, si iscrisse all'università della California a 20 anni nel 1970, fin da subito collaborò con Frank Pucelik.

In seguito John Grinder che a 20 anni era già un professore associato di linguistica dell'università si unì alle loro ricerche.

Probabilmente John Grinder era il professore universitario più giovane degli Stati Uniti in quel momento.

La loro ricerca si focalizzò sullo **studio dei comportamenti** di Virginia Satir, la madre della terapia famigliare e di Fritz Perls, fondatore della Gestalt Therapy.

Queste due persone durante la loro vita avevano raggiunto grandissimi risultati, quindi il gruppo di ricerca voleva scovare tutte le analogie comportamentali e di lavoro tra i due.

Iniziarono quindi a prendere una grande mole di appunti e pian piano il gruppo di ricerca crebbe di dimensioni.

Si unirono infatti al gruppo di lavoro anche diversi amici (poi diventati famosi per le loro ricerche) come: **Robert Dilts, Judith DeLozier, Leslie Cameron, David Gordon**.

Dalle ricerche in questi anni sono nate delle metodologie che ancora oggi moltissime persone nel mondo applicano quotidianamente per ottenere dei benefici ed essere più produttive.

Alcune di queste metodologie sono:

- <u>**Ancoraggio**</u>
- <u>**Acuità sensoriale e calibrazione**</u>
- <u>**Sistemi di rappresentazione**</u>
- <u>**Tecniche di cambiamento personale**</u>

Da queste ricerche nacque quella che oggi è conosciuta come: **Programmazione Neuro Linguistica** o più semplicemente PNL.

La PNL è lo **studio della struttura dell'esperienza soggettiva**.

Bendler e Grinder in quegli anni osservarono persone di successo in ogni ambito ed analizzarono i loro comportamenti e la loro attitudine di vita.

Non osservavano semplicemente il lato esterno, cioè le loro azioni ma erano interessati anche e soprattutto al loro lato interno.

Volevano capire come queste persone pensavano, che atteggiamento avevano durante la loro vita, cosa le differenziasse dalle altre persone.

Ottennero molte risposte e le loro ricerche ancora oggi sono studiate in tutto il mondo.

La PNL prende in considerazione tutti i sensi dell'essere umano, quindi si analizzano gli elementi visivi, corporei, emozionali, auditivi e cinestetici.

Questi ricercatori credevano che tutta l'esperienza umana è codificabile linguisticamente e proprio per queste ragioni poteva essere trasmessa ad altri uomini.

Quindi dopo aver analizzato queste persone di successo crearono delle sequenze concrete e precise secondo cui chiunque avrebbe potuto replicare gli stessi risultati.

I primi volumi furono intitolati "La struttura della magia 1" e "La struttura della Magia 2".

Si reputavano infatti dei maghi capaci di apprendere qualsiasi abilità una volta venuti a conoscenza della struttura invisibile.

Applicazioni della PNL

Questa metodologia di successo nel corso degli anni e grazie ad una moltitudine di studi è stata applicata in diversi ambiti come ad esempio:

- **La manipolazione mentale**
- **La persuasione**
- **Nella vendita**
- **Nelle relazioni umane**

Molte persone credono che per eccellere in un ambito devi fare qualcosa di diverso dagli altri o devi cambiare il tuo atteggiamento in modo tale da essere inimitabile.

Beh, ti spiego… In realtà non è così.

Devi sapere che tutte le persone che hanno raggiunto grandi risultati durante la loro vita hanno assunto un atteggiamento comportamentale ed una metodologia di lavoro simile.

In realtà basterebbe copiare gli atteggiamenti di una persona di successo per raggiungere risultati uguali o simili nello stesso ambito.

Questo non significa che non dovrai formarti e che ti basterà comportarti nello stesso modo.

Ti potrai semplicemente inspirare ai loro comportamenti per eccellere anche tu nel tuo ambito.

Ecco perché molte volte è fondamentale avere una **fonte di inspirazione**, qualcuno che ha fatto la differenza nella sua vita.

Se hai una buona guida e credi fortemente in lei potrai migliorare di molto i tuoi benefici.

Quello che differenzia le persone è principalmente il loro atteggiamento mentale.

Attenzione…

Non parlo di intelligenza ma di **Atteggiamento Mentale**.

Ci sono persone che non riescono a raggiungere alcun obiettivo, che sono subissate da emozioni negative.

Queste persone probabilmente vivono la loro vita passivamente perché credono di non essere in grado di cambiarla.

In realtà tutti potremmo ottenere dei benefici se solo lo volessimo realmente.

Per queste ragioni in questo libro ti spiegherò come fare.

Molte persone nel mondo hanno ottenuto grandissimi risultati nel momento in cui sono riusciti a cambiare il loro pensiero.

Solo con il giusto approccio alla vita potrai vivere serenamente e raggiungere sensazioni positive.

Non puoi avere successo nel lavoro, nel persuadere le altre persone, nel vendere un prodotto se hai un atteggiamento mentale negativo.

In questo libro ti spiegherò come grazie alla PNL sono riuscito a cambiare la mia vita in breve tempo.

È ora di cambiare qualcosa, è ora di uscire dalla ruota del criceto, se vuoi cambiare la solita routine e dare una vera svolta alla tua vita è arrivato il momento di farlo.

Essere persuasivo non solo ti permetterà di migliorare le tue relazioni con le altre persone che ti circondano ma anche di ottenere grandi risultati lavorativi.

La tua vita è destinata a cambiare se realmente lo vuoi.

Il funzionamento della mente

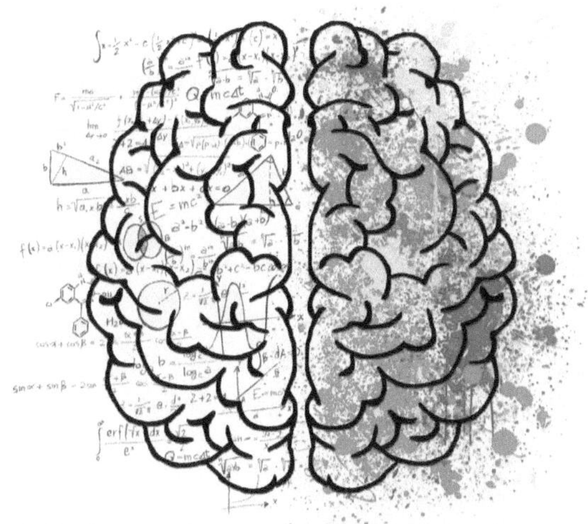

Per ottenere dei risultati eccellenti nella tua vita e per essere più persuasivo nei confronti degli altri e riuscire a manipolare il pensiero altrui hai bisogno di comprendere come funziona la tua mente.

Fino al 1900 si credeva che la mente fosse un unico blocco e che all'interno non ci fosse alcuna distinzione.

Nei primi anni del 900' lo psicoanalista **Sigmund Freud** cambiò drasticamente questa visione.

Le sue teorie sconvolsero gli uomini in quegli anni e tutt'ora sono ancora molto dibattute.

È necessario comprendere la visione di Sigmund Freud della nostra mente perché questa rappresenta uno dei pilastri su cui si basa la PNL.

Se molte volte ti sei trovato in situazioni in cui non capivi perché ti comportavi in un determinato modo oppure in cui la tua parte razionale ti diceva di fare qualcosa e quella irrazionale un'altra, questo capitolo ti aprirà gli occhi.

Freud credeva che la mente dell'uomo si dividesse in **3 sezioni**:

- <u>**Il preconscio**</u>
- <u>**Il conscio**</u>
- <u>**Il sub-conscio**</u>

Il **preconscio** rappresenta tutte le sensazioni che puoi percepire all'esterno attraverso i tuoi sensi. Fanno parte anche di questa parte della mente i **sogni e i ricordi**.

La **parte conscia** invece è formata dai **pensieri, sensazioni**, di cui sei consapevole in un momento specifico.

Questa è la parte della mente che ti permette di elaborare i tuoi pensieri e di parlare con razionalità. Nella parte conscia è presente anche la **memoria**.

La **parte inconscia** invece è quella più nascosta, che viene fuori difficilmente. È formata principalmente da un insieme di **impulsi, sentimenti**, sensazioni che vanno al di là della tua consapevolezza cosciente.

Nell'inconscio ci sono anche delle sensazioni che tendi a nascondere perché sono per te inaccettabili o di cui comunque te ne vergogni come ad esempio desideri immorali o desideri sessuali repressi.

L'iceberg di Freud

Freud per spiegare meglio questa distinzione paragonò la mente dell'uomo ad un iceberg.

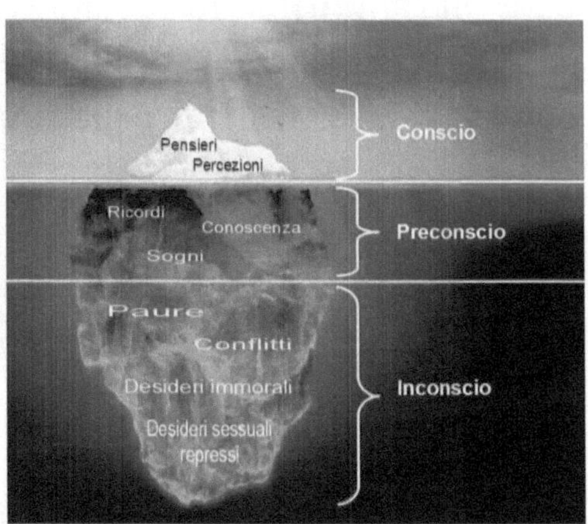

Quando sei in mare aperto anche un iceberg di piccole dimensioni se ti scontrassi con esso potrebbe essere fatale.

Questo accade perché la parte più visibile dell'iceberg è la parte conscia che è anche la parte più piccola. Al di sotto del livello dell'acqua infatti si nasconde la parte più grande dell'iceberg.

La maggior parte della superficie dell'iceberg è occupata dall'inconscio.

L'inconscio è la parte più nascosta tuttavia è possibile lavorarci su di esso anche se è più difficile a causa dei sentimenti repressivi che spesso impediscono di cambiare in meglio la vita.

Di questo se ne occupano in genere gli psicoterapeuti ed anche gli psicologi.

Ti ho spiegato tutto questo per farti capire che nel momento in cui interagisci con una persona non devi badare solo ed esclusivamente alla parte conscia ma anche e soprattutto alla parte inconscia.

La parte inconscia a volte si mostra nella realtà attraverso il **linguaggio del corpo**. Ti sarà capitato sicuramente di vedere un uomo che dice qualcosa ma con i suoi movimenti dice tutt'altro.

Ti faccio un esempio…

Molte persone durante un colloquio di lavoro dicono di essere "tranquille" ma nello stesso momento sudano e le loro mani tremano. Non riescono a gestire il loro linguaggio del corpo.

Quando la parte inconscia emerge è dirompente, quindi non è controllabile dall'uomo. Ecco perché diventa necessario per migliorare analizzare la propria parte inconscia e lavorare sui "perché".

Nel prossimo capitolo quando ti parlerò dei **paradigmi mentali** ti spiegherò come fare. Come ti ho detto ognuno può lavorare sulle proprie paure, sulle proprie sensazioni represse per migliorare ed avere un linguaggio più efficace.

Come puoi vendere un prodotto o un servizio se non riesci a percepire le sensazioni che provengono da chi ti è di fronte?

Molte volte i venditori non riescono a concludere delle vendite anche se credono fino all'ultimo momento che tutto sta andando per il verso giusto. Perché accade questo?

Anche di questo te ne parlerò nei prossimi capitoli…

Ora quello che devi fare è imparare alla perfezione questi concetti perché saranno la base per tutto quello di cui ti parlerò.

Devi avere chiaro in mente quanto è importante l'inconscio e quanta influenza può avere sulle azioni.

Spesso si usa la terminologia di *"lapsus Freudiano"*, quando ci confondiamo nel dire qualcosa.

In queste occasioni accade che la mente inconscia emerge e ci fa fare cose legate al nostro passato o comunque a emozioni che vogliamo reprimere o rimuovere.

Questo è il caso in cui si chiama la propria fidanzata con il nome della ex. Molti possono credere che è un semplice errore, Freud credeva invece fortemente che questo derivasse dall'improvvisa intrusione della mente inconscia.

Prima prenderai consapevolezza delle tue paure più profonde che ti generano ogni giorno ansia e stress e prima raggiungerai i risultati che hai sempre voluto.

Una volta che avrai compreso il linguaggio del corpo ed il modo di comunicare dell'altra persona con la PNL avrai l'opportunità di instaurare un rapporto.

Il rapporto con un'altra persona si crea nel momento in cui quest'ultima abbassa la guardia ed inizia a pensare che sei come lei.

Le tecniche di PNL ti permetteranno di fare attenzione ai segnali sociali che l'altra persona ti manda e potrai prendere il controllo della situazione. Per comprendere questi segnali dovrai cercare di interpretare i messaggi che derivano dalla mente inconscia.

Una frase di **Gustav Jung**, filosofo del 1900 mi ha colpito molto e mi ha fatto accendere una lampadina nel cervello:

"Rendi cosciente l'inconscio, altrimenti sarà l'inconscio a guidare la tua vita e tu lo chiamerai destino."

Dal momento in cui ho reso cosciente la mia parte inconscia la mia vita è drasticamente cambiata. Per questa ragione voglio condividere con te queste informazioni e metterti in condizione di fare uno swift mentale e fisico nella tua vita.

Paradigmi di pensiero

Ti sei mai chiesto perché ci sono persone che riescono ad ottenere grandi risultati mentre altre fanno molta più fatica e probabilmente non arriveranno mai al loro livello?

Molti credono che alcune persone abbiano un talento innato, un qualcosa che permetta loro di ottenere risultati migliori.

In realtà questo pensiero non è del tutto sbagliato, la differenza tra chi non ottiene risultati e chi invece li ottiene è **l'atteggiamento mentale**.

Spesso e volentieri i più grandi limiti che l'uomo incontra non provengono dall'esterno ma dall'interno. Sei tu a crearteli.

È importante capire questo concetto perché superando questi limiti che la nostra mente crea nel nostro inconscio, possiamo migliorare i nostri risultati in ogni ambito della nostra vita.

Ti faccio un esempio…

Giovanni è un venditore ma crede fortemente che chiudere più di 5 contratti al mese non sia possibile.

Secondo te quali saranno i risultati che potrà ottenere Giovanni?

Sicuramente non riuscirà mai a chiudere più di 5 contratti al mese perché ha una mentalità e di conseguenza una serie di abitudini che non gli permettono di raggiungere quel risultato.

Bob Proctor descrive i limiti della mente umana con il nome di **"paradigmi".**

I paradigmi mentali causano i risultati e se quest'ultimi non sono quelli che vuoi, se non capisci che quei risultati derivano dai tuoi paradigmi, non potrai mai cambiarli.

La maggior parte delle persone passa gran parte della sua vita senza cambiare mai i risultati e non riuscendo a trovare una soluzione o un qualcosa che permetta di migliorare.

Il segreto è che…

Se vuoi cambiare i risultati devi cambiare te stesso.

Quello che devi cambiare è il tuo condizionamento sub-conscio.

Secondo Bob Proctor il paradigma non è altro che una serie di abitudini programmate nella mente sub-conscia che controllano il comportamento.

Il tuo comportamento causa i tuoi risultati.

Quindi devi capire che…

Se vuoi cambiare i tuoi risultati non guardare fuori da te stesso.

Non cercare delle scusanti, non dare responsabilità agli altri se non riesci a raggiungere un **TUO** obiettivo; non è colpa del tuo capo, dell'economia, non è nessuna di queste cose.

Come cambiare i paradigmi mentali

Adesso ti starai chiedendo: "come faccio allora a cambiare i miei paradigmi?"

La prima cosa che dovrai fare è **pensare al risultato** con cui lo vuoi cambiare.

Se tu ad esempio poltrisci tutto il giorno e vuoi cambiare questo tuo stile di vita, la prima cosa che dovrai fare è capire cosa ti porta a trascorrere la giornata in quel modo.

È il tuo sub-conscio che è programmato con quell'idea sbagliata.

Per cambiare il risultato che vuoi ottenere ti consiglio di scrivere su un foglio il risultato negativo che stai ottenendo in un determinato momento.

Ad esempio: "poltrisco tutto il giorno e non faccio attività sportiva, trascorro la maggior parte della mia giornata sul divano".

Adesso chiediti…

Quali sono le azioni che potresti intraprendere che sono all'opposto di queste?

Scrivi al presente, come un'affermazione: "sono così felice e grato che quando mi sveglio faccio attività sportiva e mi muovo spesso", tutto qui.

Lo dovrai ripetere molte volte al giorno.

So che adesso starai pensando che è una cavolata o che non avrai alcun risultato, però ti consiglio di ripetere questa frase affermativa positiva almeno 100 volte al giorno per circa 30 giorni.

Ti garantisco che inizierai a cambiare realmente il tuo stile di vita e ti muoverai molto di più.

Sai perché avviene tutto questo?

Perché **hai programmato una nuova idea** nella tua mente che prende il sopravvento, la vecchia idea muore invece per mancanza di nutrimento. La vecchia idea era semplicemente un'abitudine.

In questo modo avrai programmato un'abitudine che andrà a sostituire quella vecchia.

Mentre pensi a questa frase affermativa mentalmente immagina la scena. Se funziona in questo caso, funziona in qualsiasi altro ambito.

Anche nelle vendite potresti usare questo metodo e cambiare i tuoi paradigmi.

Potresti pensare…

"Sono felice e grato ora che contratto con clienti prima delle 9 proponendo loro di acquistare."

La condizione in cui ti trovavi prima nella situazione in cui poltrivi sul divano o ti alzavi in tarda mattinata era…

"Non sono affatto davanti ai clienti, ho paura di chiudere la vendita."

Capisci quindi che cambiare l'idea che è fissata nella tua mente diventa un passaggio fondamentale che non puoi evitare?

Ti svelo un segreto…

La **ripetizione** è la **prima legge dell'apprendimento**.

Provi una semplice cosa che funziona come magia pura, anche se ovviamente non lo è.

Solo con la ripetizione puoi instaurare una nuova abitudine, di questo te ne parlerò nei prossimi capitoli.

Per persuadere, manipolare e vendere molto di più devi apprendere prima questi concetti. Se hai una mente con molti limiti potrai imparare qualsiasi nozione, potrai studiare qualsiasi metodo ma non raggiungerai mai i risultati che realmente vuoi.

Spesso ci sono persone che sono molto formate, hanno tutte le carte in regola per avere successo ma non lo raggiungono.

Ci sono altre persone invece che hanno un asset mentale così solido, hanno un dialogo molto più aperto con la loro parte inconscia che riesco a lavorare meglio ed ottenere maggiori risultati.

Ti sarà di certo capitato almeno una volta nella vita di vedere un venditore che comunicasse in modo magnetico, che ti avrebbe potuto vendere qualsiasi cosa.

In genere quelle persone non sono semplicemente dei bravi comunicatori ma hanno la loro parte conscia e inconscia in linea e quindi hanno un impatto molto più forte sulla tua attenzione.

Dopo aver letto questo capitolo, ti consiglio di fare un esercizio.

Ti prego…

Non andare avanti nella lettura del libro senza praticare gli esercizi che ti suggerisco. Io voglio che tu ottenga risultati ed inizi a dare una svolta alla tua vita.

L'esercizio che ti chiedo di fare è quello di iniziare a pensare ad un tuo limite mentale e applicare i consigli che ti ho dato in questo capitolo.

Bob Proctor esperto formatore nel corso della sua vita con questi metodi ed altri ha cambiato la vita a milioni di persone.

Io ho appreso queste nozioni, le ho applicate ne ho beneficiato ed ora credo che sia giusto diffonderle anche ad altre persone come te che hai creduto in me acquistando questo libro.

"Solo quelli che rischiano di spingersi troppo lontano possono eventualmente scoprire quanto lontano si possa andare." - Thomas Stearns Eliot

Come ci comportiamo? I meta-programmi

L'uomo spesso e volentieri adotta alcuni comportamenti che sono inconsci. Ti sei mai chiesto perché per compiere l'azione della respirazione non hai bisogno di pensare?

Scommetto che questa mattina quando ti sei allacciato le scarpe non hai pensato come fare.

Perché accade tutto questo?

Semplicemente perché durante la nostra vita abbiamo completato così tante volte con successo delle azioni che adesso le diamo per scontate ed avvengono inconsciamente.

Questi processi inconsci come puoi immaginare hanno degli effetti sulla nostra vita. Anche **le decisioni** che prendi **sono influenzate dal tuo lato inconscio.**

Molte volte agisci senza sapere quale sia la cosa effettivamente giusta ma semplicemente ti fidi delle tue sensazioni. Le decisioni sono molto importanti perché da queste scaturiscono le azioni che influenzano infine il destino.

Potrebbe quindi essere molto utile comprendere quali sono i programmi presenti nel tuo inconscio che ti fanno compiere determinate azioni piuttosto che altre, non credi?

Questa domanda se la poneva anche **Carl Gustav Jung**[1] che arrivò alla conclusione che gli umani sono abituati a **categorizzare** ogni azione. Fu lui per la prima volta ad usare la terminologia "**meta-programmi**" cioè degli schemi comportamentali che l'uomo utilizza per interagire con il mondo.

Il suo libro "Tipi Psicologici" scritto nel 1921 è diventato uno dei punti cardine di questa teoria.

Prova adesso ad immaginare quanto potrebbe essere utile capire in anticipo quale meta-programma utilizza la persona con cui interloquisci e quindi agire di conseguenza.

Se riuscissi a capire che una persona ha un determinato schema comportamentale inconscio infatti potresti relazionarti con lui al meglio. Capiresti in questo modo prima le sue esigenze più profonde e cosa cerca negli altri.

---

[1]Carl Gustav Jung è stato uno psichiatra, psicoanalista, antropologo, filosofo e accademico svizzero, una delle principali figure intellettuali del pensiero psicologico e psicoanalitico.

Tipologie di meta-programmi

Esistono diverse tipologie di meta-programmi tuttavia ti descriverò solo quelle principali che riguardano la maggior parte delle persone.

Ti svelo un segreto…

Per essere un buon manipolatore mentale ed un ottimo venditore devi riuscire a capire quali sono gli schemi comportamentali che in quel momento sta adottando l'altra persona con cui stai comunicando. In questo modo concluderai a tuo vantaggio il confronto.

Io ho applicato e visto applicare queste metodologie da molti venditori, ti posso assicurare che i risultati che ottengono sono molto superiori alla media.

L'uomo ha bisogno di trovare qualcuno con cui parlare, qualcuno che possa capire le sue esigenze, tu puoi essere la persona giusta se inizi a lavorare prima su te stesso e poi nel relazionarti con gli altri.

Tutti comunicano, tutti provano a vendere qualcosa ma solo in pochi sono in grado di convincere ed entrare in sintonia con l'altro.

Uno dei meta-programmi più diffuso è il "**<u>verso/via da</u>**".

Se ci pensi in genere le scelte che compi sono spinte da un comportamento interno che ti spinge **VERSO** qualcosa che ti piace, che vorresti fare o che ti allontana **VIA DA** qualcosa che temi o che comunque non apprezzi.

Immagina il momento in cui vai a fare un acquisto, ti comporti sempre in uno dei due modi.

Ti faccio un esempio…

Immagina di andare al mercato del pesce ed acquistare un'orata perché è il tuo pesce preferito e non vedi l'ora di mangiarla con un po' di limone. In questo caso vai VERSO qualcosa che ti provoca un piacere.

Potresti acquistare anche l'orata perché non vuoi mangiare ogni giorno carne perché fa male alla tua salute. Questo è il caso in cui vai VIA DA un problema, da qualcosa che non ti piace.

Non puoi sottovalutare i meta-programmi perché in relazione ad essi la tua comunicazione può diventare molto più efficace.

Per un venditore diventa addirittura fondamentale questa differenza. Se hai di fronte una persona che ha un meta-programma "VERSO" illustrare i benefici di quel che stai andando ad offrire avrà sicuramente un effetto molto più impattante.

Se invece incontri una persona che ha un meta-programma "VIA DA" diventa fondamentale sottolineare che compiendo quella scelta potrà evitarne di altre.

Altri due meta-programmi che vengono spesso utilizzati dagli atteggiamenti inconsci delle persone sono il riferimento interno e quello esterno.

Ci sono due tipologie di persone:

- **Chi prende le decisioni di pancia**, indipendentemente dal pensiero degli altri
- **Chi prende le decisioni dando importanza al pensiero degli altri** e agendo di conseguenza

Ovviamente con queste due tipologie di persone dovrai interagire in modo differente. Una persona che ha un forte **riferimento interno** vuole decidere sempre per conto suo, quindi assumerai un atteggiamento scorretto se cercherai di dargli dei consigli.

Dovrai quindi comunicare in modo tale da spingerlo a prendere una decisione. La decisione però deve provenire da loro quindi devi farli sentire al centro dell'attenzione.

Potrai usare frasi come:

"Hai avuto un'ottima idea"

"Cosa ne pensi di questo prodotto?"

"Cosa ne pensi di aggiungere questo servizio?"

"Hai pensato correttamente"

Mentre per chi ha un meta-programma di **riferimento esterno** ti dovrai rivolgere in modo completamente diverso. Come ti ho detto in precedenza per queste persone è molto importante anche il giudizio degli altri.

Quindi potrai usare ad esempio frasi come:

"Farai un figurone con questo prodotto"

"Parleranno tutti bene di te"

"La tua azienda sarà sulla bocca di tutti"

"La tua reputazione avrà un incredibile miglioramento"

Rapportandoti nel modo corretto con queste persone potrai essere molto più convincente e persuasivo.

Ricorda…

NON devi avere lo stesso approccio di comunicazione con tutte le persone con cui interagisci. Devi imparare a personalizzare il tuo modo di comunicare per far sentire gli altri a loro agio.

Le persone che parleranno con te si sentiranno molto comprese e vedranno in te qualcuno con cui si possono realmente aprire e spiegare le loro esigenze.

Da quando ho iniziato ad analizzare le persone e a capire realmente i loro meta-programmi sono riuscito a comunicare in modo completamente diverso e ho riscontrato risultati positivi fin da subito.

Ti invito ad applicare queste strategie e a porre più attenzione nell'atteggiamento degli altri.

Come instaurare una nuova abitudine

Per ottenere dei risultati diversi hai la necessità di apportare dei cambiamenti nella tua vita.

Ogni uomo di successo ha una serie di abitudini di successo che lo portano a condurre uno stile di vita corretto.

Io nel corso degli anni ho instaurato nuove abitudini, inizialmente anche per me era molto difficile perché cercavo di farlo solo ed unicamente con la mia forza di volontà.

In seguito ho capito che c'era qualcosa che non andava perché ogni volta che volevo inserire una nuova abitudine nella mia routine, dopo poco la abbandonavo e ritornavo al mio vecchio stile di vita.

Non riuscivo a capacitarmi di come potesse essere possibile ma cadeva continuamente nello stesso tranello.

Per queste ragioni ho iniziato ad informarmi e ho scovato nella PNL una soluzione a questa mia problematica. Mi ha permesso di imparare alcune cose che permettono di controllare gli schemi mentali e raggiungere l'eccellenza.

Per formare nuove abitudini è fondamentale avere:

- **<u>Un processo</u>**
- **<u>Un'identità</u>**

Le persone di successo hanno un processo, cioè delle **abitudini positive**. Una persona con un fisico molto definito, mangia ogni giorno in modo sano, pratica sempre sport, queste sono abitudini che si è costruita nel tempo.

Una persona che riesce a vendere molto, ha delle altre abitudini, ad esempio si forma, studia, apprende ogni giorno, cerca di migliorare la sua comunicazione e così via.

Non è necessario avere solo ed esclusivamente un processo di abitudini per raggiungere il successo perché diventa poi fondamentale riuscire a mantenerlo nel corso del tempo.

È fondamentale e necessario avere **un'identità**, se vuoi cambiare le tue abitudini dovrai farlo in relazione a **quel che vorrai diventare**, non riuscirai mai a cambiare abitudini solo per raggiungere un obiettivo di breve termine.

Come introdurre una nuova abitudine

Il primo consiglio che ti posso dare per introdurre nella tua vita una nuova abitudine è quello di aprire la tua mente. Secondo Richard Bendler uno dei fondatori della PNL, **immaginare un'azione nella propria mente prima di realizzarla** ti può permettere di installare la nuova abitudine più facilmente.

Questo processo se hai dei blocchi mentali o emotivi potrebbe non funzionare. Ti consiglio di applicare i miei consigli per iniziare ad implementare prima abitudini più semplici ed in seguito più complesse.

Tutto quello che ti dirò ha funzionato per me e per molti altri uomini nel mondo. Devi avere una mentalità aperta e non ti devi porre alcun limite, se sei il primo a dubitare dei risultati che puoi ottenere non otterrai mai nessun risultato.

Il **primo step** che devi fare sarà quello di **identificare un comportamento o una cattiva abitudine che vuoi modificare.**

Ad esempio se sei una persona che si sveglia in tarda mattinata, una cattiva abitudine potrebbe essere quella di dormire molto tardi la notte.

Una volta identificata questa cattiva abitudine, inizia a pensare e a immaginare come ti comporti in quelle situazioni.

Adesso è arrivato il momento di **identificare ciò che desideri**, devi **creare un'immagine nella tua mente**. Quindi trova un modello positivo, ricorda un tempo nel passato in cui stavi attuando questo modello, pensa anche se hai fatto qualcosa di simile in un altro contesto e immagina tutto.

Mentre immagini tutto questo, **inizia a muoverti** come se stessi vivendo davvero quel momento e quella sensazione.

Adesso identifica un **trigger esterno**, cioè un qualcosa, un messaggio esterno da associare a quella determinata abitudine. Ad esempio per le mie abitudini dovevo preparare la colazione alle 7 del mattino, nel momento in cui sentivo la musichetta dell'ora esatta in televisione. Avevo associato a quel suono, a quel segnale la mia abitudine.

È importante avere un trigger esterno perché anche nei momenti in cui puoi avere una dimenticanza ti permette di rimanere concentrato su quel che devi fare. Ti riporta sulla Terra. A prima mattina ti posso assicurare che potresti essere molto distratto.

Adesso immagina di fare quell'azione, quella nuova abitudine, di ripeterla anche nel futuro. Immagina i benefici che puoi ottenere e quale persona potresti diventare.

Ti ho fatto l'esempio della sveglia la mattina perché una delle abitudini più difficili da apprendere per una persona che non ha orari è proprio lo svegliarsi molto presto.

Devi sapere che la maggior parte delle persone di successo si svegliano nelle prime ore della mattina, dalle 5 alle 8. Prima ti sveglierai più avrai tempo da sfruttare per migliorare la tua persona e per arrivare più preparato ai momenti importanti della giornata.

Nelle prime ore della mattina mentre tutti gli altri dormono infatti potresti meditare per rilassare il tuo corpo, fare un po' di attività fisica per liberare endorfine (vengono chiamate anche l'ormone della felicità per il suo effetto benefico), potresti anche mangiare e compiere delle azioni molto importanti per te.

Alle 8 di mattina saresti già pronto per poter contattare i tuoi clienti e rispondere alle email lavorative. Avresti molte ore in più da sfruttare. Per effettuare questo switch di vita però devi necessariamente instaurare nuove abitudini.

Ricordati che se vuoi migliorare devi cambiare prima il tuo asset mentale perché proprio quello condiziona le tue azioni.

Il metodo che ti ho spiegato in questo capitolo lo puoi applicare per l'apprendimento di qualsiasi abitudine.

Quello che ti posso consigliare e di procedere **step by step**, non cercare fin da subito di introdurre delle abitudini troppo diverse dalle tue.

Ad esempio se in genere ti svegli a mezzogiorno, non cercare di svegliarti dal giorno dopo alle 5 di mattina, ce la potresti fare tuttavia mentalmente e fisicamente potrebbe essere molto stressante per te.

Per queste ragioni prova prima a svegliarti alle 10, poi alle 8, poi alle 5 quando ti senti pronto. L'inserimento di una nuova abitudine, qualsiasi essa sia deve essere graduale.

Il rischio contrario deriva dalla generazione di un effetto negativo che ti può far sentire inadeguato e ti può far disprezzare quella scelta nuova di vita che hai fatto.

Per implementare un'abitudine è consigliabile praticare le nuove azioni per almeno 30 giorni consecutivi, in seguito dovrebbe entrare nella tua routine e diventare inconscia.

Hai tutti i mezzi per migliorare la tua vita, non ti far abbattere da chi ti dice che non è possibile, i tuoi limiti sono quelli che tu stesso ti imponi, se davvero lo vuoi puoi distruggerli.

"Essere depressi è un'abitudine; essere felici è un'abitudine; e la scelta spetta a te." - Tom Hopkins

Migliorare le capacità comunicative con la PNL

Ti sei mai chiesto come migliorare le tue capacità comunicative? Spesso ci capita infatti di non essere compresi. Sembra che gli altri non ascoltino o non siano interessati a tutto quello che diciamo.

Questa condizioni ci fa sentire a disagio, non ci sentiamo apprezzati o capiti. Se ti sei trovato almeno una volta in questa situazione non ti preoccupare, accade spesso a molti uomini.

Perché la comunicazione non è sempre efficace

Tutto questo non è dovuto solo alla tua comunicazione ma al funzionamento del cervello dell'uomo.

Il nostro **cervello elimina tutte le informazioni che sono inutili** attraverso dei **processi inconsci**. Se non facesse questo, il rischio in cui incorreremmo sarebbe quello di impazzire.

Immagina di essere seduto su una sedia ed iniziare a percepire le sensazioni di quella sedia, di sentire il rumore in lontananza del bambino che gioca con il pallone poco lontano, la persona del piano di sopra che cammina avanti e dietro in casa e così via.

Non riusciresti a focalizzarti su nulla e rischieresti di impazzire perché la tua mente continuerebbe a vagare nel buio.

Per fortuna i processi inconsci del nostro cervello ti permettono di evitare queste situazioni spiacevoli.

Quindi stai tranquillo…

Non hai alcun problema.

Adesso ti spiegherò meglio come funziona la nostra mente e perché a volte la comunicazione con gli altri è inefficace, nonostante ti impegni molto.

Devi sapere che la mente:

- **Elimina**
- **Distorce**

- <u>**Generalizza**</u>

Questo, come ti ho detto, accade per non sovraffollare il tuo cervello di informazioni inutili che non sono necessarie per sopravvivere. È vero e proprio istinto di sopravvivenza che il tuo corpo attua inconsciamente ogni giorno.

Per quanto riguarda l'**eliminazione**, alcune **informazioni** vengono **ignorate dal cervello** perché non vengono considerate rilevanti. È la situazione di cui ti parlavo prima (sedia, bambino), riusciresti a rilevare quelle informazioni solo nel momento in cui espandessi la tua consapevolezza.

Il secondo processo riguarda le **distorsioni**, cioè cerchiamo di **adattare qualsiasi informazione** che recepiamo **alla nostra prospettiva** delle cose. Se penso che ad esempio il problema dell'Italia sono gli immigrati, se sentirò una notizia in cui un italiano e un immigrato hanno ucciso due persone mi focalizzerò sull'immigrato perché rispecchierà la visione "negativa" che ho nel mio cervello.

Infine l'ultimo processo che attua la nostra mente sono le **generalizzazioni**. Sono tutte le situazioni in cui **la mente associa attraverso un senso una situazione che è già accaduta in precedenza.**

Questo ci permette di non focalizzarci sulle cose inutili.

È il caso in cui abbiamo già vissuto diverse volte la stessa situazione.

Ad esempio se sento l'odore del pane appena sfornato, posso dedurre che questo sia buono, proprio perché l'ho mangiato diverse volte e associo a quell'odore il gusto.

Attraverso questo processo quindi la mente elimina questi pensieri che diventano inconsci.

Come puoi sfruttare a tuo vantaggio queste informazioni?

Beh se sei una persona che fa presentazioni aziendali o di prodotti, questo capitolo ti può essere molto utile.

Se sei una persona che non si occupa di questo puoi adattare questi concetti ad altri ambiti della tua vita.

In azienda, se hai fatto almeno una volta una presentazione, avrai notato che nonostante tutti fossero attenti qualcosa è sfuggito loro, ognuno ha ascoltato qualcosa di diverso.

Anche tu stesso probabilmente quando sei andato ad una conferenza con un gran numero di slide avrai perso la concentrazione e ti sarà sfuggito qualche passaggio.

Tranquillo, è assolutamente normale, ti ho spiegato che il cervello dell'uomo funziona proprio in questo modo, elimina le informazioni che non sono necessarie e generalizza.

È frustrante impiegare tanto impegno nella realizzazione di una presentazione e poi non essere apprezzato vero?

La maggior parte delle volte le persone che si trovano in queste situazioni si demoralizzano e credono semplicemente di non essere in grado a comunicare in modo efficace.

La situazione è ben diversa, puoi adottare dei consigli utili per le tue slide.

Il cervello dell'uomo non riesce ad elaborare moltissime informazioni nuove nello stesso momento, proprio per questo le tue slide e le tue presentazioni non dovrebbero contenere tantissime informazioni ma solo le principali.

Se in un secondo momento qualcuno ti chiederà delucidazioni le darai però non farlo all'inizio perché potresti annoiare tutti gli altri.

Quindi, slide con poche scritte e pochi concetti.

Utilizza immagini ad alto impatto visivo, in questo modo andrai a colpire l'attenzione ed il lato emotivo di chi le visualizza, ti differenzierai da tutti coloro che presentano sempre le stesse slide noiose con elenchi puntati e senza alcuna immagine.

Nonostante questi accorgimenti incontrerai sempre qualcuno che non è soddisfatto della tua presentazione, che si distrae, che non ha colto degli aspetti fondamentali.

Ti stai chiedendo: perché accade questo?

Beh, ricordati che la mente attua dei processi di distorsione per adattare la realtà alla sua visione e di generalizzazione. Se ti è capitato di esprimere un'idea e di vederla paragonata ad un'altra che ha delle caratteristiche diverse, hai subito un processo di generalizzazione.

Questo però non ti deve abbattere ma semplicemente la PNL ti fa rendere conto che ogni uomo ha una propria visione della realtà, che è unica.

Ovviamente ci sono degli uomini che sembra che siano sempre d'accordo, che pensino allo stesso modo, in realtà non è così. Queste persone hanno semplicemente degli schemi mentali simili che permettono di avere una percezione della realtà molto affine.

Nei prossimi capitolo ti spiegherò come comunicare al meglio con le altre persone e migliorare quindi le tue relazioni, quindi la tua vita privata ma anche quella lavorativa.

È ora di uscire dalla tua comfort zone, è ora di capire il funzionamento della tua mente ed applicare realmente i consigli della PNL nella tua vita.

Non ti potrai accontentare ogni giorno delle azioni che compi. La vita è altro e lo sai benissimo.

La vita non è accontentarsi, non sono scuse ma è fatta di responsabilità, emozioni, sogni, denaro e serenità.

So che nel tuo profondo sei d'accordo con queste affermazioni. Proprio per questo credo che questo libro ti potrà essere molto utile.

Tratta questo libro come un vero e proprio manuale da leggere e rileggere per ottenere grandi risultati nella tua vita.

"Le parole sono singolarmente la forza più potente a disposizione dell'umanità. Possiamo scegliere di usare questa forza in modo costruttivo con parole di incoraggiamento o in modo distruttivo usando parole di disperazione. Le parole hanno energia e potenza nella loro capacità di aiutare, guarire, ostacolare, ferire, danneggiare, umiliare e renderci umili." - Yehuda Berg

Strategie di PNL nelle relazioni

Nella vita una delle cose che può avere molta influenza sul tuo stato d'animo e sulle tue emozioni, positivamente o negativamente, sono le emozioni.

Imparare a relazionarsi correttamente con gli altri diventa quindi fondamentale.

Spesso e volentieri le persone non si sentono comprese, non riescono a capire cosa hanno sbagliato, perché una persona ha cambiato il suo atteggiamento nei loro confronti. Queste situazioni la maggior parte delle volte causano forti sensazioni di dispiacere, ci si sente inadeguati.

Quando si tratta anche con un cliente, in ambito lavorativo, non si riesce a creare sempre una forte empatia, a causa di questo diventa difficile portare a termine una trattiva, anche nel caso in cui ci siano dei vantaggi per entrambe le parti.

Tutto quello che ti dirò in questo capitolo l'ho provato personalmente e ho constatato i risultati. La mia vita è drasticamente cambiata, mi sentivo molto più sicuro di me, instauravo continuamente relazioni costruttive e positive, ti spiegherò come ho fatto.

La PNL insegna che per avere una migliore relazione con gli altri, bisogna cercare di essere meno intransigenti con sé stessi.

Se noti infatti molte volte siamo intransigenti con gli altri perché ci poniamo alti standard e quindi ci giudichiamo molte volte anche negativamente. Cerchiamo quindi quel che non possiamo raggiungere nelle altre persone. Questa intransigenza non porta a nulla di positivo.

Devi concederti di errare, fallire e devi accettarlo, questo fa parte della vita di ogni uomo. **Non è mai esistita e mai esisterà una persona che non ha mai fallito neanche una volta nella sua vita** in qualsiasi ambito.

Nel momento in cui sarai più permissivo, meno intransigente con te stesso lo sarai anche con gli altri. Un atteggiamento di un'altra persona che non ti soddisfa a causa dei tuoi standard elevati e della tua rigidità con te stesso, non ti porterà ad allontanarti ma a cercare di comprenderlo se sei meno pretenzioso.

Prima di fare una conversazione ed instaurare una nuova relazione chiediti se sei nello stato emotivo giusto.

Spesso mi capitava di essere arrabbiato o triste o pensieroso, quando chiamavo un cliente non riuscivo mai a concludere un affare perché percepiva che c'era qualcosa che non andava in me. Mi ero accorto però che ogni volta che parlavo e mi sentivo positivo, ricco di energie, i miei risultati miglioravano molto.

Ecco perché è necessario per una relazione essere nello stato mentale giusto per rapportarti con l'altro. Se credi di non esserlo in quel momento, prenditi del tempo, respira, attendi, quando ti sentirai pronto agisci.

Un altro errore molto comune che facevo era quello di aspettare che le altre persone venissero da me, per parlare, per chiedere scusa, per fare una qualsiasi mossa. Se aspetti che il mondo venga da te, che ti mostri qualcosa, il rischio è quello di non uscire mai più da questo loop.

Quello che frena le persone a compiere un'azione, a parlare ed aprirsi con gli altri è la paura di essere feriti, di non essere compresi, di fallire. Ti consiglio di **provare a interloquire** con gli altri, se capiranno il tuo pensiero, il tuo modo di essere, il tuo stato emotivo avrai costruito una nuova relazione viceversa non avrai perso nulla.

Non aspettare che gli altri facciano il primo passo.

Spesso cerchiamo di imitare gli altri credendo che quella sia la scelta migliore. In realtà devi capire che **ognuno di noi è unico**.

Pensa ad una cosa…

La tua impronta digitale è diversa da quella di 7 miliardi di persone, sei come un diamante unico, pregiato, introvabile. Il tuo compito non è copiare lo stile di vita di altri o comportarti come altri, dovrai adattare qualsiasi informazione alla tua persona, al tuo modo di fare.

Non avere paura di essere unico, non ti paragonare con altri perché tu stai vivendo la tua vita e non quella di qualcun altro. Il rischio di comportarti come qualcun altro è che non saresti mai in grado di farlo, semplicemente perché quella non è la vita tua.

In tutti casi ci sarà sempre qualcuno pronto a criticarti, non perdere energie per cercare di fargli cambiare idea, soprattutto se vuole abbatterti, vai per la tua strada e credi sempre in te stesso e nelle tue potenzialità.

Una delle tecniche di comunicazione che viene utilizzata spesso da chi conosce le metodologie della PNL è la <u>**stimolazione di un rapporto**</u>. Con questa metodologia dovrai **abbinare la tua personalità con quella di un'altra persona durante una conversazione**, cioè dovrai assumere i suoi movimenti, le parole, la neurologia, le espressioni.

Quando stimoli e abbini le parole di un altro e le sue espressioni non verbali come ad esempio i gesti e la respirazione, crei un rapporto magico. Ovviamente l'altra persona non deve percepire che state imitando il suo modo d'essere perché si potrebbe infastidire o potrebbe ridere di te.

Se inizierai a padroneggiare quest'arte potrai sviluppare rapporti con le persone in modo molto rapido e duraturo nel tempo.

Per stabilire nuove relazioni dovrai metterle al primo posto della tua scala gerarchica, davanti qualsiasi altro tipo di attività. In questo modo potrai anche rafforzare le relazioni con le persone a te care. Hai bisogno che le persone che ti circondano ti supportino nelle tue attività, non ti isolare, questo può solo far male alla tua persona.

La PNL mi ha insegnato inoltre a non sentirmi giudicato dagli altri, a rilassarmi e a non pensare a quello che la gente dice. Se ci pensi quando giudichi qualcuno utilizzi dei tuoi criteri personali per farlo, che si basano sui tuoi valori, sui tuoi standard e sulle tue convinzioni, su tutto ciò che è importante per te e quello che non lo è.

Quindi come puoi ben immaginare nel momento in cui giudichi un'altra persona lo stai facendo sulla base dei **TUOI** valori, allo stesso modo quando qualcuno esprime un giudizio su di te.

Per queste ragioni i criteri di giudizio non sono oggettivi ma sono in relazione all'esperienza personale vissuta da ogni individuo.

"Mettere in discussione se stessi è il modo migliore per capire gli altri." - Michelangelo

PNL e manipolazione mentale

La manipolazione mentale è davvero un processo attuabile nella realtà? È qualcosa che si può fare eticamente?

Sicuramente avrai visto molti film dove ci sono delle persone che riescono a manipolare la mente di altre per raggiungere i loro loschi fini.

Beh in realtà manipolare la mente di qualcuno è qualcosa che non solo è fattibile ma che non dovrebbe assumere neanche una connotazione così negativa.

Spesso le tecniche di PNL possono essere utilizzate per indurre altre persone ad attuare un determinato comportamento.

Molti venditori utilizzano questi metodi per convincere i clienti ad acquistare. È qualcosa di assolutamente legale.

Tutto questo non ha nulla a che fare con l'ipnosi o con costrizioni fisiche che devi imporre sull'altro per costringerlo a comportarsi in un determinato modo da te apprezzato.

Ti posso assicurare che sono tecniche reali, che funzionano e che ogni giorno vengono adottate da molti esperti. Io utilizzandole sono riuscito ad ottenere grandi risultati, quindi ho deciso di condividerle con te.

La PNL non nasce con l'obiettivo di controllare la mente delle altre persone ma il suo fine è quello di capire perché ci comportiamo in un determinato modo e come essere in linea anche con la nostra parte inconscia.

Queste **tecniche di manipolazione mentale** si basano proprio su questo, cioè riuscire a **comunicare al meglio con l'inconscio delle altre persone**, con la loro parte più nascosta, più oscura.

Devi sapere che la tua mente filtra qualsiasi informazione, sia quelle che vengono comunicate dalla parte conscia che quelle della parte inconscia. Questo significa che anche un semplice movimento corporeo potrebbe farti percepire in un modo positivo o negativo.

Non esiste solo la comunicazione verbale ma anche quella corporea come ben sai. Queste tecniche utilizzate da persone che hanno fini poco etici potrebbero avere un gran impatto negativo nella società.

La tua mente ha un potere incredibile, può essere programmata se davvero lo vuoi per fare delle azioni straordinarie. Non ti porre alcun limite, adesso ti spiegherò come diventare più convincente e conquistare l'attenzione delle altre persone agendo sulla loro mente.

Quindi da dove partire? Qual è la prima cosa da fare per manipolare al meglio la mente di un'altra persona?

Tecniche di manipolazione mentale

Beh la prima cosa che dovresti fare è sicuramente dare attenzione alla persona che interagisce con te. Questo significa che **non puoi manipolare la mente di qualcuno se non comprendi le sue emozioni** e i suoi sentimenti in quel determinato momento.

Gli esperti, come potrai diventare anche tu, prestano molta attenzione ai segnali delle persone, uno dei più evidenti segnali inconsci è il movimento degli occhi. Altri movimenti inconsci sono la respirazione, il rossore, tic nervosi e così via.

Il corpo in ogni momento, in ogni secondo comunica attraverso dei **segnali** che dalla maggior parte delle persone non sono compresi. Diventa quindi fondamentale per te porre attenzione ai particolari, ai piccoli movimenti corporei.

I movimenti del corpo ti possono aiutare a capire come una persona percepisce ed elabora delle informazioni. Il movimento degli occhi è fondamentale, se una persona mentre parla sposta gli occhi in alto verso destra significa che sta immaginando qualcosa. Se li sposta verso sinistra in alto, starà vivendo un ricordo visivo.

Puoi quindi notare immediatamente quel che la persona sta pensando anche se non ti sta comunicando quelle informazioni verbalmente.

In questo modo inizi a capire se la comunicazione con la persona che hai di fronte sta avendo il suo effetto. Ovviamente analizzare l'altra persona non è sufficiente per manipolare la sua mente.

Devi sapere che i battiti cardiaci di ogni uomo sono circa dai 60 ai 100 al minuto[2], perché ti sto parlando di questo? No, non ti preoccupare non sono impazzito.

Secondo la PNL per avere una **comunicazione efficace** e soddisfacente per la mente umana devi pronunciare un numero di parole al minuto che si avvicina ai battiti del cuore. Quindi per riuscire a comunicare positivamente con l'inconscio di un'altra persona dovresti utilizzare almeno dalle **45 alle 60 parole al minuto**.

Questa tecnica viene chiamata "**voice roll**", è utilizzata per portare l'altra persona in uno stato mentale simile a quello di trance utilizzando questo tipo di comunicazione.

Vengono utilizzate per questo modello di comunicazioni pause, enfasi, ripetizioni di parole chiave che devono penetrare il subconscio.

Comunicando con questa velocità ci si può allineare ai battiti cardiaci e inviare dei ritmi alfa nel cervello, cioè mettere quest'ultimo in una condizione di rilassamento totale.

Quando la persona con cui comunichi si sentirà rilassata, tranquilla potrai avere più potere e gestire al meglio la sua mente ed il suo modo di pensare.

Se eccedi con il numero di parole oppure la tua velocità di parola è inferiore potresti perdere l'attenzione dell'altra parte. Questo significa che il controllo della sua mente ti sfuggirà e non potrai essere più efficace. Dai molta importanza a questo aspetto, potrebbe fare la differenza.

---

[2] https://www.valorinormali.com/altri-esami/battiti-cardiaci-del-cuore-valori-normali-massimi-e-minimi/

Una delle tecniche molto importanti che ti permette di relazionarti al meglio con gli altri è quella del **<u>Rapport</u>**. Il Rapport ti permette di avere un **rapporto di fiducia reciproca** e comunicazione con l'altra parte.

Come funziona questa tecnica?

Beh, devi **cambiare il tuo modo di comunicare** in relazione alla persona con cui parli. Ad esempio se sei un adulto e parli con un bambino non utilizzerai la stessa terminologia che adotti durante un colloquio di lavoro.

Questo lo fai inconsciamente perché vuoi creare maggiore feeling nel rapporto. Questo lo devi applicare in tutte le circostanze. Non avere un modello di comunicazione da utilizzare in ogni ambito perché non tutti potrebbero sentirsi a loro agio e quindi convincerli a compiere una determinata azione potrebbe diventare molto difficile.

Ad esempio quando parli con dei ragazzi è preferibile che tu usi degli slang comuni piuttosto che un linguaggio molto forbito. Quando parli con un bambino al posto di utilizzare termini come veicolo potresti dire "brum brum".

È molto importante anche **mettersi all'altezza delle persone** con cui parli, nel vero senso della parola. Questo non è assolutamente un modo di dire. Questo significa che se una persona è seduta davanti a te, per entrare in connessione con lei dovrai sederti anche tu.

Se sei in picdi e la persona è seduta, ti guarderà con soggezione ed è la cosa più importante che devi evitare nella costruzione di un rapporto positivo. Se non adotti il Rapport non acquisirai mai abbastanza fiducia nel rapporto.

Queste tecniche non solo possono essere applicate nell'ambito commerciale ma anche nelle relazioni con il proprio partner, con i propri figli, amici e parenti.

Dopo aver instaurato il Rapport con l'altra parte spesso e volentieri viene utilizzata la tecnica definita **<u>Milton Model</u>**.

Questo è un modello che **porta a compiere una scelta alla controparte con cui comunichi**. Penserà di poter fare una scelta liberamente in realtà stai imponendo una tua volontà.

Questa è una tecnica psicologica che spesso e volentieri non viene riconosciuta e può essere adottata in ogni ambito soprattutto nelle vendite e nel marketing.

Ti è mai capitato di sentire da qualcuno:

"Preferisci l'opzione X o l'opzione Y?"

Con questa domanda sei stato portato a compiere una scelta. Le opzioni tra cui potevi scegliere però erano entrambe di gradimento alla persona che ti ha posto la domanda.

In questo modo senza volerlo hai scelto qualcosa non liberamente ma sei stato convinto a compiere un'azione.

È entrato in gioco in questo modo il cosiddetto Milton Model. Il suo nome deriva proprio dal psicanalista che lo ha scoperto.

Dopo che crei un Rapport la persona con cui comunica si fida di te, quindi diventa più facile che questa senza troppe domande cada nel tranello del Milton Model.

Questa scelta viene anche applicata ad esempio in alcuni partiti che chiedono ai cittadini: "Preferite che guidi il partito X o Y?"

I cittadini faranno una scelta, tuttavia questa è condizionata dalle limitazioni che sono state poste nella domanda, infatti dovranno scegliere esclusivamente fra due nomi. È una finta condizione di libertà.

Infine è fondamentale riuscire a far cambiare le sub-modalità di pensiero alla persona con cui interagisci. Questo significa che dovrai capire quali sono i pensieri negativi dell'altra persona e attraverso delle domande dovrai cercare di distruggere le certezze sulle quali questi si basano.

Ad esempio, puoi dire:

"Da dove deriva questa tua convinzione?"

"Pensi queste cose del prodotto perché qualcuno te ne ha parlato male?"

"Questa persona è affidabile? È possibile che abbiate un modo diverso di pensare?"

"Conosci diverse persone che la pensano allo stesso modo?"

"Questa convinzione deriva dal tuo pensiero?"

In questo modo potrai smontare tutte le opposizioni che il cliente ti pone. È fondamentale esser pronti nel rispondere a qualsiasi domanda.

Se applichi tutti i consigli che ti ho dato in questo capitolo, arrivato a questo punto della conversazione l'altra parte avrà fiducia in voi e sarà completamente sincera. È proprio in questo momento che tu potrai parlare al suo inconscio e colpire.

So che non è semplice tuttavia è possibile farlo.

Da quando ho applicato queste tecniche nella mia vita, ho vissuto una vera e propria svolta. Ho aperto gli occhi, ho capito che migliorare si può, instaurare rapporti costruttivi e duraturi mi è sembrato molto più semplice e fattibile.

Prima affrontavo le mie giornate lavorative con rabbia perché non riuscivo ad ottenere i risultati che desideravo e questo creava in me una forte frustrazione.

Voglio che anche tu inizi ad applicare con gli altri queste tecniche. Se inizialmente i risultati sono scarsi o sei in imbarazzo, non ti preoccupare è normale che sia così, d'altronde prima di diventare degli esperti in qualsiasi attività hai bisogno di pratica.

Quindi mantieni il tuo morale alto e continua ad applicarle nella vita di tutti i giorni fino al momento in cui non sarai diventato padrone di esse.

La tua convinzione in seguito verrà percepita in modo positivo dagli altri.

"Ci sono quelli la cui abilità principale è quella di far girare le ruote della manipolazione. È la loro seconda pelle e senza queste ruote girevoli, semplicemente non sanno come vivere." - C. JoyBell

PNL e persuasione

Vuoi convincere gli altri a prendere delle decisioni importanti? Hai bisogno di capire in anticipo il pensiero di altri per agire di conseguenza?

Imparare le tecniche di persuasione diventa molto importante se hai questi obiettivi.

Persuadere un'altra persona **non significa imporre un'azione o un atteggiamento** che dovrebbe attuare, anzi tutt'altro. Persuadere significa convincere l'altra persona della bontà del tuo pensiero.

Ti è mai capitato di avere un'idea che ti sembra geniale ma non riuscire a convincere gli altri?

Se ti sei trovato in una situazione del genere probabilmente hai creduto di non essere un bravo comunicatore oppure che effettivamente la tua idea non valeva poi così tanto.

Se hai fatto questi pensieri, ti dico una cosa: ti sei sbagliato.

La realtà è completamente diversa, le persone si lasciano convincere dagli altri nel momento in cui questi riescono a persuaderle. Se conosci quindi delle tecniche potresti avere un grosso vantaggio.

Queste le puoi usare non solo nell'ambito lavorativo ma anche della tua vita più in generale.

Le tecniche di cui ti parlerò ti consiglio di abbinarle a quelle che ti ho indicato nel capitolo precedente.

È fondamentale che tu le applichi continuamente nella tua vita, non ti accontentare di dare una semplice lettura. Questo è un libro molto pratico, voglio che lo utilizzi, sottolinei e apprendi tutti i concetti.

Non ti preoccupare di sgualcire le pagine, questo non è un libro che deve essere lasciato a prendere polvere nella tua libreria, lo dovrai portare sempre con te, tenere accanto e applicare nel momento del bisogno.

È un manuale che ti può essere utile davvero in molti ambiti.

Tecniche di persuasione

Come puoi immaginare la comunicazione è sempre fondamentale. Uno degli errori più comuni che porta le altre persone a credere che non sei abbastanza convincente è il **tono di voce** che utilizzi quando parli.

Se dici ad un'altra persona: "oggi vendo questo prodotto" e sulle ultime due parole alzi il tono della voce ed usi un tono più enfatico non apparirai convincente perché la tua affermazione potrà sembrare una domanda.

Se invece utilizzi lo stesso tono di voce senza alzare la voce potrai sembrare più credibile e convincente.

Ora che sei venuto a conoscenza di questo tecnica base, ti posso parlare di altre tecniche che potrebbero interessarti molto...

La tecnica del **comando implicito** viene utilizzata molto spesso dagli esperti di PNL e di comunicazione.

Rispondere negativamente ad un'affermazione come "Oggi andiamo a mangiare a ristorante" è molto più difficile rispetto a "Vuoi andare a mangiare a ristorante oggi?"

Il concetto è sempre lo stesso anche se la frase espressa nella prima forma sembra più un comando e spesso **il tuo inconscio non è in grado di resistere**. La seconda frase invece è una domanda e quindi puoi decidere se accettare o meno.

Il modo in cui comunichi quindi può fortemente influenzare la risposta dell'altra persona. Puoi quindi persuaderla a compiere una scelta che senza le tue parole probabilmente non avrebbe fatto.

Questa tecnica viene utilizzato spesso anche dai camerieri nei ristoranti.

Immagina di andare in un ristorante ed ordinare una bistecca con patatine.

Alcuni camerieri dopo ordini di questo tipo per spingerti ad acquistare di più, ti dicono la seguente frase:

"Perfetto, da cosa vorresti iniziare?"

Questo ti pone in una condizione in cui nel migliore dei casi penserai a leggere il menu e cercare qualcos'altro di buono per poi decidere se prendere altro o meno, nel peggiore dei casi ti farai consigliare da lui che quindi riuscirà nel suo intento di farti spendere molti più soldi.

Se lo stesso cameriere avesse usato delle frasi come:

"Vuoi un antipasto?" o peggio ancora come "Nessun antipasto?"

La sua comunicazione non avrebbe sortito gli stessi effetti. Non sarebbe riuscito infatti minimamente a persuaderti e non avresti mai compiuto quell'azione.

Le tecniche di PNL oltre all'ambito lavorativo, come te ne ho già parlato poco fa, possono essere anche utilizzate nelle relazioni con i propri figli.

Se hai un figlio che la notte vuole giocare alla playstation oppure non vuole andare a dormire perché vuole vedere la tv, quello che ti sto perdere lo puoi applicare fin da subito e vedrai immediatamente i risultati.

Se dici a tuo figlio ad esempio: "Ti piacerebbe che ti leggessi una storia, di quelle che ti piace tanto, quando ti metti il pigiama?"

Avrai già dato per scontato che lui si dovrà mettere il pigiama e mettersi a letto. Con questa domanda può decidere solo ed esclusivamente se farti leggere una storia o meno, quindi avrai raggiunto il tuo obiettivo persuadendolo e lui crederà di aver agito liberamente.

Questa trucco ovviamente può essere utilizzato anche nelle vendite. Dicendo ad esempio al potenziale acquirente:

"Ti piacerebbe che ti regalassi Pokemon Blu o Pokemon verde, quando compri il Gameboy?"

Se sei un venditore di Gameboy darai quindi per scontato che il potenziale acquirente lo acquisterò, questa tua tecnica andrà a persuadere il suo inconscio e lui sarà più propenso a compiere quell'azione.

Come puoi vedere la maggior parte delle tecniche PNL di persuasione non sono così complicate e davvero tutti le possono applicare ogni giorno. Quello che differenzia la buona o cattiva riuscita dell'applicazione di una di queste tecniche deriva dalla costanza in cui si provano e riprovano.

Più cercherai di applicarle più diventerai esperto e quindi maggiori saranno i tuoi benefici.

La persuasione la puoi applicare anche nei tuoi confronti.

Ora ti starai chiedendo probabilmente…

"Ei aspetta che significa tutto questo?"

Si puoi persuadere anche il tuo inconscio, però devi sapere come fare. Io quando ho scoperto questa cosa ero abbastanza incredulo, non credevo che un uomo potesse auto-ingannare il proprio inconscio, invece è possibile.

E non solo…

I risultati che puoi ottenere sono davvero inimmaginabili.

Ho visto persone che hanno completamente cambiato la loro vita in poco tempo.

Una mia amica di nome Roberta, che è manager di una importante azienda italiana aveva un'estrema paura di parlare in pubblico. Solo immaginare quella situazione, cioè di trovarsi davanti a tante persone e comunicare con loro le causava sensazioni molto negative che non riusciva a gestire.

Il solo pensiero la faceva andare nel pallone, aumentava drasticamente il suo stress e la sua ansia. Credeva fortemente che non sarebbe mai riuscita a superare quella paura.

Quando me ne parlò io sapevo che si sbagliava, che aveva tutte le carte in regola per superare quella paura, ma le mancava qualcosa…

Un metodo.

Io ero lì per lei per svelarle un metodo che avevo appreso durante i miei studi di PNL. Lo insegnai e vidi dei drastici miglioramenti, mi ringraziò e mi disse che le avevo definitivamente cambiato la vita. Quel metodo lo ha utilizzato in diversi ambiti ed è riuscita ogni volta ad ottenere ottimi risultati.

Incredibile vero?

È una medicina? È una magia? È qualcosa di impossibile?

La risposta a tutte queste domande è **NO**.

Questo deriva semplicemente dalla consapevolezza di capire al meglio sé stessi.

Per persuadere te stesso e quindi anche il tuo inconscio devi applicare l'**ancoraggio**. L'ancoraggio è una tecnica che ti permette di associare un'emozione ad un gesto, ad un suono, una visione.

Dissi quindi alla mia amica di pensare e fare in quel momento di forte stress e ansia qualcosa che la facesse generalmente far stare bene. Lei amava canta le canzoni di Jennifer Lopez perché le ricordavano la sua infanzia, quando cantava in giardino con la sorella e si divertiva un mondo.

Il solo pensiero di quelle canzoni cambiava il suo stato mentale, la faceva stare bene.

Le dissi che doveva cantare quelle canzoni, prima di parlare in pubblico. Ogni volta prima di parlare cantava queste canzoni, quindi ha ancorato questa emozione a questo gesto. Adesso le basta cantare quelle canzoni per ritornare serena ed allontanarsi dalle sensazioni negative.

Ovviamente l'ancoraggio si può fare anche con altri gesti, come ad esempio la stretta di un pugno mentre pensi alla sensazione che hai vissuto in un momento di gioia. Ogni volta che stringerai il tuo pugno in questo modo riporterai inconsciamente le tue emozioni a quel determinato momento felice.

È fondamentale però ripetere con costanza nel tempo questi gesti, in modo tale che diventino inconsci. Solo in questo modo puoi ottenere grandi risultati come li ha ottenuti Roberta.

Potrai utilizzare le tecniche di persuasione della PNL anche per altri fini, infatti ti potrebbero servire per capire cosa desiderano veramente le persone.

Molte volte quando parli con qualcuno con cui hai molta fiducia non riesci a capire le sue volontà. Questo accade perché le persone in genere sanno con certezza cosa non vogliono ma in realtà non sanno cosa vogliono.

Come fare quindi per capire le vere intenzioni di una persona?

Un giorno ero con la mia partner e le feci una domanda, dovevamo organizzare le nostre vacanze insieme:

"Dove vuoi andare quest'estate? Dove ci facciamo il viaggio quest'anno?"

La sua risposta fu: "Non lo so".

Allora non contento avevo continuato ad insistere dicendole di pensarci.

Lei mi rispose in questo modo:

"Allora non so dove voglio andare ma di sicuro non a Dubai perché li fa molto caldo e come ben sai io non sopporto molto quelle temperature".

Ancora una volta mi aveva detto cosa non voleva e non ciò che realmente cercava.

Avevo capito che alla base di tutto allora c'era un problema di comunicazione, sapevo con certezza che lei nel suo inconscio aveva un desiderio, una destinazione in cui andare.

Le posi la domanda in modo diverso:

"Se non avessi alcun limite monetario da dover rispettare dove andresti?"

In questo caso finalmente la sua risposta era cambiata:

"Beh mi piacerebbe molto andare in Canada"

Avevo capito finalmente che cosa voleva, il suo inconscio cosa desiderava. Con questa domanda ho individuato il problema che le stava impedendo di esprimersi al meglio. Se non avessi insistito non avrei mai capito i suoi pensieri più profondi.

Per queste ragioni la PNL può essere molto utile. Con la paziente e l'utilizzo di queste tecniche puoi venire a conoscenza di **pattern di ragionamento** di altre persone e sfruttarli al meglio per migliorare il tuo rapporto.

Tutti questi non sono concetti che son stati inventati da me ma sono tecniche che da anni vengono adottate dai più grandi comunicatori al mondo come **Antonhy Robbins** per persuadere le altre persone.

Ci sono persone che grazie alla PNL hanno capito meglio le loro emozioni, cosa provavano davvero e il funzionamento del loro inconscio.

Dietro ad ogni azione c'è un pensiero. Il pensiero condiziona le tue scelte e quindi il tuo stile di vita.

Se riesci a comprendere quali sono i tuoi limiti o quelli della persona con cui comunichi puoi progettare un piano per oltrepassarli e godere dei benefici che derivano da questa tua azione.

"Credo che la forza di persuasione sia il superpotere più grande di tutti i tempi." - Jenny Mollen

PNL nella vendita

In questo capitolo ti spiegherò perché dei venditori riescono a vendere grandi quantità di un prodotto o servizio mentre altri no.

Devi sapere che gli acquirenti comprano le persone.

Questo cosa significa?

Che i clienti si fanno convincere prima di tutto dalla persona, prima di procedere all'acquisto. Se non sei convincente, se non esprimi fiducia, non avrai clienti disposti a pagare per il servizio o prodotto che offri.

Diventa quindi fondamentale capire come sviluppare e strutturare il tuo stile di vendita.

Richard Bendler, l'inventore della PNL, nel corso del tempo ha inspirato milioni di venditori al mondo che ogni giorno utilizzano i suoi principi e hanno molto successo.

Ricordo delle giornate che passavo in ufficio, chino sulla mia scrivania, con le mani fra i capelli. Il mio business non riusciva a decollare, non riuscivo ad ottenere più vendite, dovevo fare qualcosa.

Tutto cambiò quando mi sono imbattuto in una serie di libri di Programmazione Neuro Linguistica.

Non avrei mai immaginato che quei libri mi avrebbero cambiato la vita per sempre. Anche io inizialmente non ponevo molta fiducia in quel che leggevo. Un giorno però mi resi conto che non avevo nulla da perdere, la situazione non poteva andare peggio di così, era ora di provare quei principi.

Li iniziai a testare, entrai nell'asset mentale giusto, non ti nascondo che il processo non fu immediato, tuttavia giorno per giorno il mio inconscio percepiva che qualcosa stava effettivamente cambiando dentro di me.

Vedevo anche che le risposte dei clienti erano diverse, non erano più così negative come prima. Continuai quindi ad insistere ed i primi risultati non tardarono ad arrivare.

Ero soddisfatto di me ma credevo fortemente che potevo anche migliorare. In un solo anno ebbi incredibili risultati che non avevo mai raggiunto in carriera. Avevo finalmente imparato ad utilizzare nelle mie vendite tutti i principi PNL.

Il mio obiettivo non era quello di essere ricordato come un venditore fallito, come qualcuno che ogni mese si disperava e arrancava per raggiungere uno stipendio per sopravvivere.

Il mio obiettivo era diverso…

Volevo diventare il miglior venditore in circolazione ed ero convinto che ci sarei riuscito.

Ho quindi sviluppato un metodo, partendo dai principi di PNL che mi ha permesso di avere un importante incremento di vendite.

Il mio metodo di vendita

Adesso voglio condividerlo con te, quello che ti chiedo è di farne buon uso e di applicare tutti gli insegnamenti ogni volta che è possibile.

Non inventare alcuna scusa, assumiti le tue responsabilità e prendi la tua vita in mano. Se non riuscirai ad ottenere risultati sarà solo ed esclusivamente responsabilità tua. Non scaricare la colpa ad altri, sei tu a determinare il tuo successo o il tuo fallimento.

Il metodo consta di 6 fasi:

- **<u>Stato mentale</u>**
- **<u>Stabilire un rapporto</u>**
- **<u>Porre domande</u>**
- **<u>Trovare un bisogno</u>**
- **<u>Collegare la necessità al prodotto o servizio</u>**
- **<u>Chiudere</u>**

Questi 6 steps sono davvero importanti per la riuscita della tua vendita.

Se riuscirai ad applicare consequenzialmente questi passaggi riuscirai a concludere la tua vendita molto facilmente. Devi ovviamente affinare il metodo per renderlo perfetto e aderente con il tuo metodo di comunicazione.

Questa però è un'ottima base.

La prima fase riguarda il tuo stato mentale, devi sapere che **il tuo stato d'animo influenzerà** notevolmente **le tue prestazioni**. Il cliente si accorge se sei positivo, se credi realmente in quel che fai.

Avrai sicuramente notato che nelle tue giornate "NO" riesci a vendere ben poco e sembra che tutto possa andare anche peggio.

Questo non è una casualità. Non sottovalutare **MAI** questi aspetti, credi veramente in quel che fai.

Il secondo passaggio è quello di riuscire a **stabilire un rapporto**. Si dice che le persone che si piacciono si prendono. Beh, anche se è solo un detto è proprio vero.

Come fare quindi per piacere alle altre persone?

Utilizza il cosiddetto **<u>Mirroring</u>**, cioè **comportati come uno specchio** nello stesso modo in cui ti comunica la controparte.

Utilizza il suo tono di voce, quindi se lui utilizza un linguaggio giovanile fallo anche tu, se utilizza u linguaggio che mantiene le distanze fallo anche tu. Imita la sua respirazione questo ti permetterà di entrare meglio in connessione con lui.

Infine, le **parole chiave** sono necessarie. Nel tuo linguaggio utilizza sempre delle parole propositive, che spingono il tuo cliente a compiere un'azione. Evidenzia quindi i vantaggi e tutto quello che potrebbe perdere se non facesse quell'azione.

Il passaggio successivo è quello di **porre delle domande in maniera intelligente**, ti servono per iniziare a parlare la lingua dei tuoi clienti. In questo modo puoi iniziare a scoprire quali sono i loro meta-programmi di cui ti ho parlato nel quarto capitolo.

In seguito dovrai trovare il **bisogno del cliente**. Non riesci a trovarlo? Beh, ti do una notizia, forse è meglio fermarti e cercarne un altro. Se non puoi soddisfare alcun bisogno il cliente non comprerà mai alcun tuo prodotto o servizio.

Adesso una volta che avrai identificato il bisogno del tuo cliente dovrai **associare a questo il valore che può offrire il tuo prodotto o servizio** che stai vendendo.

Puoi utilizzare frasi come:

"Cosa accadrebbe se…"

E continuare spiegando **il lato negativo che deriva da una mancata scelta** del tuo servizio.

Puoi utilizzare anche delle cornici di contrasto, cioè distinguerti dagli altri prodotti o servizi utilizzando frasi come:

"Rispetto a…"

Ti consiglio di giustificare **i vantaggi e la superiorità**, quindi i punti di forza, del prodotto o servizio che stai andando a vendere.

Immagina di essere un Pr che lavora per una piccola discoteca che è l'unica ad offrire il servizio di open bar.

Quando andrai a convincere le persone non parlerai sicuramente della grandezza della discoteca o dei dj che suonano al suo interno perché ci sarà sempre un'altra che offre un servizio superiore.

Quello che dovrai fare sarà quindi trovare tutti quei potenziali clienti che vanno in discoteca per bere e apprezzano molto i cocktail. Una volta che capirai che questo è il loro bisogno da soddisfare potrai proporre la tua offerta di valore, cioè l'open bar. In questo modo la tua proposta sarà percepita come perfetta, come la proposta ideale!

L'ultimo step assolutamente non da sottovalutare è la **chiusura dell'accordo.**

Quando arrivi alla fase finale della trattativa con il cliente è importante che questo **compia l'azione richiesta**. Nel momento in cui richiedi di compiere un'azione e lui tergiversa, prende tempo oppure rimanda ad un secondo momento, rischi di perderlo definitivamente.

Quello che ti consiglio di fare in questi casi e ritornare indietro e cercare di **capire qual è il vero problema** che lo sta fermando in quel momento e cosa è andato storto nel tuo processo di vendita.

Una volta che sei venuto a conoscenza di cosa ha bloccato la sua azione puoi distruggere quell'idea limitante. È importante quindi prepararsi anche un testo delle obiezioni da utilizzare nel momento in cui il tuo cliente espone dei dubbi.

Nel processo di vendita devi coinvolgere anche le emozioni dell'acquirente, deve essere trasportato nella tua proposta e preso dal momento deve procedere all'acquisto.

Ovviamente devi offrire un prodotto adeguato alle sue esigenze in modo tale che lui non si penta e tu possa ottenere un feedback positivo.

Semplicemente le persone spesso non sanno cosa vogliano, qui deve entrare in gioco la tua bravura, devi riuscire a riconoscere i loro bisogni per offrire una soluzione che possa soddisfarli.

I clienti cercano te, cercano persone positive che risolvano i loro problemi.

Nel momento in cui risolverai il problema di un cliente con il tuo servizio o con il tuo prodotto venduto, questo potrà portarti altri suoi amici che hanno lo stesso bisogno.

Se il tuo obiettivo è quello di soddisfare il cliente con cui interfacci, puoi avere davvero dei grandi risultati.

Prima di qualsiasi processo di vendita è importantissimo conoscere i punti di debolezza e di forza del prodotto o servizio che vai ad offrire.

Devi essere cosciente di quelle che sono le mancanze e puntare il discorso su quelli che sono i punti di forza.

Ti faccio un altro esempio…

Ritorniamo al Pr di prima che deve convincere le persone ad acquistare i biglietti per la discoteca in cui lavora. In questo caso la discoteca ha la stessa grandezza di altre però a differenza di quelle più famose NON ospita dj conosciuti.

Questo può essere un punto debole perché le persone preferiscono andare a ballare nelle discoteche dove c'è un ospite celebre.

C'è un modo per trasformare questo punto debole in un punto di forza?

La risposta è ovviamente: SI

Puoi infatti cercare di convincere a venire nella tua discoteca tutte quelle persone che amano divertirsi e vogliono il loro spazio per ballare. Puoi quindi evidenziare il punto debole delle altre discoteche con ospiti internazionali, cioè che c'è poco spazio per ballare, si suda, si sta stretti, hai poca opportunità di parlare con altre persone.

Nella tua discoteca invece offri lo stesso genere di musica, spazio per ballare e per divertirsi, un ambiente misto dove c'è una scrematura all'ingresso e sono 50% uomini e 50% donne, in modo da garantire a tutti una piacevole serata.

Hai appena trasformato il tuo punto debole in un punto di forza. Ti posso assicurare che se lo comunicherai al meglio ai tupi potenziali clienti riuscirai ad ottenere una marea di vendite.

Ovviamente questo discorso è replicabile in ogni business.

Utilizza al meglio la tua mente, sarà il tuo più importante alleato che ti permetterà di vendere molto di più e ottenere i risultati che hai sempre desiderato.

Se vuoi una vita diversa, devi iniziare a compiere azioni diverse, devi agire ragionando. Le azioni sono la conseguenza dei tuoi pensieri. Avere pensieri positivi ti permetterà di compiere azioni positive che ti possono permettere di instaurare una routine che ti può portare molti benefici.

"Non ho mai lavorato un solo giorno della mia vita senza vendere. Se io credo in qualcosa, la vendo, e la vendo accanitamente." - Estée Lauder

La leadership e la PNL

La PNL è una disciplina che molti leader in diversi settori applicano giornalmente. Le più grandi aziende di successo hanno dei leader a loro capo che hanno un modo di agire molto simile.

Ti sei mai chiesto perché esistono dei leader di alcune aziende nel mondo che tutt'oggi vengono ancora ricordati non solo per i loro risultati ma anche per il loro modo di agire?

Per creare un ambiente positivo e trascinare i tuoi collaboratori o dipendenti a dare il massimo non bastano gli incentivi, non è sufficiente pagarli di più, questo ha solo un effetto di breve periodo.

Per essere un ottimo leader **devi creare attorno a te un ambiente che creda realmente in quel che fai** e nel progetto dell'azienda. Non è impossibile però ci sono dei piccoli accorgimenti che dovresti adottare per ottenere maggiori risultati.

In Italia uno dei più grandi leader è stato Ferrero, che ha creato l'omonima azienda che oggi è gestita dai suoi figli.

Chi non ha mai assaggiato un prodotto Ferrero?

Ogni persona nel mondo almeno una volta nella vita ha assaggiato la Nutella.

Ferrero nel corso degli anni ha condiviso la sua visione con i suoi dipendenti, cioè la volontà di creare un prodotto alimentare unico, che si potesse contraddistinguere da qualsiasi altro e che potesse essere apprezzato sia dai bambini che dagli adulti.

In seguito è stato sempre vicino ai lavoratori offrendo degli incentivi per le lavoratrici-madri, pagando l'istruzione ai figli dei dipendenti, concedendo premi e così via.

Ha creato un ambiente positivo dove ogni membro dell'azienda si sentiva parte della famiglia.

Casi come quello di Ferrero in Italia e nel mondo ce ne sono tantissimi. Il lavoro di questi leader non è solo finalizzato all'ottenimento del mero profitto ma vogliono creare un vero e proprio impatto sulla comunità, vogliono che i dipendenti siano realmente felici di lavorare per loro.

Perché è importante avere dei dipendenti o collaboratori che siano felici?

Le persone quando sono in **uno stato mentale positivo** riescono ad ottenere **più risultati,** ad essere più produttive, a fare la differenza. Avere il giusto asset mentale non solo è molto importante per il lavoratore ma anche per tutto l'ambiente.

Una sola persona che ha pensieri negativi potrebbe rovinare il morale di tutti gli altri. Questo aspetto non è da sottovalutare.

Con i consigli della PNL potrai coinvolgere al meglio i dipendenti e condividere la tua mission, il tuo obiettivo con loro. In questo modo non crederanno di essere "delle macchine" ma si sentiranno maggiormente coinvolti.

Consigli per essere un buon leader

Ho applicato con i miei collaboratori questi consigli e ti dico che l'ambiente di lavoro è migliorato davvero tanto.

Quindi come ti ho già detto, il primo passaggio è quello di **condividere una visione**, cioè ogni dipendente deve avere ben impressa l'immagine di una destinazione. Tutti devono sapere qual è il punto di arrivo che l'azienda vuole raggiungere.

Parteciperesti in una gara dove non sai dov'è il traguardo? Probabilmente no, beh avviene lo stesso in qualsiasi attività.

Deve essere evidente a tutti qual è lo scopo che si vuole raggiungere, di cosa hai bisogno e come gli altri possono rendersi utili per raggiungere questo scopo comune.

Una volta condivisa la visione ed il tuo scopo devi creare un ambiente sano, devi **proteggere la cultura aziendale**.

Ricorda che…

Una persona negativa può influenzare l'umore di tutte le altre.

Se ci sono degli elementi nel tuo team che non si adattano alla mentalità e alla vision aziendale è preferibile licenziarli o allontanarli piuttosto che tenerli in squadra.

Stai **ATTENTO**…

Anche persone che riescono ad ottenere dei risultati nel loro lavoro con il loro atteggiamento negativo possono influenzare il rendimento degli altri. Devi agire con un'ottica più ampia, guarda al futuro e come la situazione si potrebbe evolvere.

Ovviamente non è sufficiente avere una visione per un buon leader ma è altrettanto importante **un piano** che permette di attuarla. Devi avere quindi **una tua strategia** che ti permette di affrontare talvolta anche delle scelte difficili ed impegnative.

È importante che tu ti possa circondare anche di **persone giuste**. Persone in cui credere, a cui dare fiducia, che si concentrino sugli obiettivi e che non abbiano problemi a dire la loro opinione senza creare conflitti che possano offendere altri.

Questi sono i veri valori di una persona che devi prendere in considerazione nel lavoro.

Ricordati poi la differenza tra **autorità e responsabilità**. Non hai bisogno di imporre i tuoi ordini agli altri, ogni membro del tuo team deve prendere le responsabilità delle proprie azioni.

Solo circondandoti di persone che credono realmente in quel che fanno e nelle loro scelte puoi raggiungere prima gli obiettivi aziendali.

Ricordati di applicare anche la cosiddetta **regola del 3**. Devi cioè indicare quali sono i 3 risultati chiave da raggiungere in un anno, in un mese, in una settimana e in un giorno.

In questo modo tutti i dipendenti sapranno quali sono gli obiettivi da raggiungere, la loro vision giornaliera sarà più chiara e cercheranno di contribuire al meglio.

Ricorda che…

La leadership è rischiosa. Probabilmente ci saranno delle volte che fallirai. Fa parte di ogni impresa, non tutte le tue idee possono portare a dei risultati positivi.

Cerca di apprendere dai tuoi errori e procedere sulla tua strada.

Ti consiglio di dare importanza a quel che fai ma allo stesso tempo di non prenderti troppo sul serio. Non servirà a nulla punirsi per ogni errori commesso.

Queste semplici linee guida che ti ho indicato dovrebbero essere applicate in ogni settore, in ogni azienda tuttavia spesso e volentieri non è così.

Ci sono dipendenti che nonostante lavorino da anni in un'azienda non conoscono quali sono gli obiettivi, la vision, non sono a conoscenza neanche della strategia.

Una persona che si muove senza sapere dove andare quali risultati può portare in azienda? Solo ed esclusivamente negatività e frustrazione.

Se questi sentimenti negativi non emergono nei primi momenti successivamente arriveranno. È la natura dell'uomo. Per superare queste situazioni e diventare un buon leader basterebbero dei piccoli accorgimenti da adottare ogni giorno.

Ricorda che la maggior parte delle società sono gestite da capi e non da leader.

La differenza è che il capo imporrà ai propri dipendenti di compiere una determina azione, di avere una certa tipologia di comportamento, non chiederà il loro parere e anzi se qualcuno oserà dire la sua verrà punito. L'azienda che si sviluppa in un ambiente distruttivo di questo tipo è destinata a fallire.

Spesso in molti credono che il potere o il denaro possano accecare la visione di una persona. Non è assolutamente così, sono cose distinte.

Ci sono imprenditori che gestiscono miliardi di euro ma nonostante tutto hanno sempre la loro visione e si comportano sempre allo stesso modo con i loro dipendenti.

Quando manca un'etica in azienda non ci sono le basi per costruire qualcosa di positivo nel futuro.

Molti imprenditori però non si rendono conto di questo e spesso formano dei team composti da mercenari che decidono di lavorare per il miglior offerente. Queste persone non si faranno alcun problema ad abbandonare la barca nei momenti di difficoltà, quando ci sarà bisogno di loro.

Devi circondarti di persone che oltre alle loro competenze abbiano alti valori umani, cerca di capire quali sono le loro esigenze e di soddisfarle, trova un punto di incontro sempre. È questo quello che fa un leader.

Il tuo esempio devono essere tutti quei leader che ottengono grandi risultati rispettando allo stesso tempo i loro dipendenti e credendo nelle loro abilità.

"Se le tue azioni ispirano gli altri a sognare di più, imparare di più, fare di più e diventare di più, sei un leader." - John Quincy Adams

Conclusioni

Siamo giunti all'ultimo capitolo di questo libro. Ti ho fornito tutte le informazioni che puoi applicare in ogni ambito della tua vita per ottenere dei drastici miglioramenti.

Ricorda che la pratica è alla base di tutto. Inizia ad applicare continuamente questi insegnamenti per vedere i primi risultati dopo poco tempo.

Conserva quello che hai imparato in questo libro come un tesoro. Queste sono informazioni che molti uomini non conoscono perché non si informano, non leggono, non crescono professionalmente.

Per essere un ottimo venditore infatti devi essere allo stesso tempo un gran leader, devi avere ottime capacità comunicative e devi conoscere il funzionamento della mente tua e delle altre persone.

Adesso ti do un consiglio…

Rileggi alcune delle pagine di questo libro e metti in pratica anche una sola parte delle informazioni di cui sei venuto a conoscenza. Se vuoi raggiungere risultati diversi nella tua vita, devi cominciare dal tuo cambiamento.

Cambiare non significa soltanto pensare in modo diverso ma anche agire.

Se hai comprato un libro di questo tipo probabilmente quello che stai facendo in questo momento nella tua vita non è quello che ti soddisfa. Vuoi attuare un cambiamento, un qualcosa che finalmente possa dare una direzione giusta ad essa. Devi intraprendere il percorso che ti permette di essere sereno, felice, soddisfatto di quel che sei.

Diventa quindi necessario cambiare le tue abitudini, proprio per questo ti invito a rileggere il 5 capitolo che potrebbe rilevarsi davvero importante per il tuo cambiamento.

Compiere nuove azioni probabilmente inizialmente ti porterà in una situazione di disagio ma in seguito raggiungerai una nuova dimensione in cui ti sentirai più libero di esprimerti, di essere te stesso, avrai finalmente superato ed abbandonato tutti i tuoi preconcetti e le tue convinzioni che ti hanno solo causato problemi in questo momento.

Questi sono i cosiddetti limiti mentali di cui te ne ho parlato nei primi capitoli citandoti Bob Proctor.

Fai attenzione a capire cosa c'è che non va nella tua vita, cosa c'è di sbagliato, cosa vuoi realmente migliorare. Agire su qualcosa che in realtà non ti crea problemi potrebbe portarti a non ottenere alcun risultato.

Quindi prendi tempo e analizza quel che non ti soddisfa, sono convinto che tu sappia perfettamente cos'è. Quindi concentrati e scava nel tuo profondo.

Ora ti consiglio di fare solo una cosa…

Liberati da tutte quelle abitudini che hanno limitato e continuano a limitare le tue azioni. Questo lo puoi fare fin da subito se davvero ne sei convinto!

Allontanati da tutte le persone negative che ti circondano. Non portano niente di positivo alla tua vita, so che all'inizio potrebbe essere difficile ma io lo dico per te, solo in questo modo potrai sentirti più libero e pieno di energie. Queste persone nella maggior parte dei casi infatti si comportano come delle vere e proprie sanguisughe, ti risucchiano tutta la tua energia vitale affondandoti con i loro problemi.

L'unica cosa che puoi fare quindi in questo momento è prendere una decisione e decidere finalmente dove andare, cosa vuoi davvero fare nella tua vita e come vorrai essere ricordato un giorno.

Se tu oggi morissi le persone cosa penserebbe di te?

Come descriverebbero la tua vita?

Prenditi del tempo e dai una risposta a queste domande.

Potrebbe essere un momento pesante, vero? Non ti senti soddisfatto, c'è qualcosa che non va…

Ora pensa come potresti essere descritto dagli altri nel momento in cui riuscissi a compiere davvero qualsiasi cosa che sogni…

Sarebbe tutto molto più bello probabilmente, inizieresti a guardarti anche con occhi diversi, ti sentiresti diverso.

Recupera quelle sensazioni positive, immagina di essere già quella persona che ha raggiunto quegli obiettivi nella sua vita e inizia a comportarti di conseguenza. Non ti manca nulla per essere felice, puoi riuscirci da solo!

Questo libro per te è un diamante prezioso che deve essere il punto di partenza per la tua svolta di vita e professionale.

Ti chiedo solo un favore…

A me non cambia davvero nulla se tu lo applichi o meno ma lo dico davvero per te, non tenerlo riposto in un cassetto, non far prendere polvere a questo libro ma consultalo ogni volta che ne hai bisogno.

Spero che adesso tu abbia capito che i tuoi limiti sono quelli che ti poni, sono quelli che provengono dal tuo inconscio. Spingiti quindi oltre le tue paure, oltre i tuoi limiti, oltre tutto quello che temi, tu sei di più, molto di più!

Con una visione esterna, allontanandoti da quel che provi in un determinato momento, ti renderai conto che la maggior parte delle tue paure sono stupidi.

Il vero problema è che gli uomini si fanno abbindolare dalle loro paure per molto tempo e diventano sempre dei mostri più grandi. Quello che devi fare è affrontarle!

"È bello morire per ciò in cui si crede; chi ha paura muore ogni giorno, chi non ha paura muore una volta sola." – Paolo Borsellino.

Ti consiglio di aprire gli occhi e prendere esempio da coloro che hanno già avuto successo nella vita in quella determinata area in cui vuoi migliorare.

Se vuoi migliorare nelle vendite ad esempio ispirati ai più grandi venditori di sempre, a coloro che hanno fatto la storia di questo lavoro o anche semplicemente qualcuno che ha raggiunto grandi risultati.

In fin dei conti quando decidi di iscriverti in palestra aspetti di incontrare un personal trainer con un fisico allenato e definito che ti possa seguire e far migliorare il tuo aspetto.

Ti fidi ciecamente di lui e cerchi di copiare i suoi atteggiamenti perché lui ha raggiunto risultati molto positivi in quell'area. Allo stesso modo dovrai comportarti nelle altre aree.

A volte ottenere ottimi risultati è molto più semplice di quanto tu possa pensare. Non credere di essere il migliore di tutti, di fare tutto a modo tuo, ricorda che se tutti coloro che ottengono buoni risultati si comportano in una determinata maniera c'è una motivazione di fondo.

Quello che dovresti fare è quindi trovare un mentore in ogni area della tua vita.

Dalle relazioni al lavoro.

Ora che hai un chiaro obiettivo in mente, che hai trovato qualcuno che ti possa ispirare, hai un forte scopo, realizza il tuo piano d'azione.

Se vuoi raggiungere più vendite, se vuoi essere più convincente, se vuoi avere una comunicazione più efficace devi redigere il tuo piano d'azione e FARE.

Ricorda che ognuno di noi ha i suoi obiettivi, devi fare in modo di raggiungerli, solo in questo modo potrai avvicinarti al tuo scopo ultima.

Una vita trascorsa a lavorare per gli altri, costellata di insoddisfazioni non ha alcun senso viverla.

Tu sei molto meglio, hai tutte le carte in regola per fare la differenza, per vivere la vita che hai sempre sognato. Devi iniziare a mettere per iscritto il tuo piano ed eseguire le azioni che hai indicato.

Pensa a tutto ciò che non va nella tua vita, nel tuo lavoro, nei tuoi rapporti, scrivilo e adesso cerca anche di trovare un'alternativa a tutti questi atteggiamenti.

Supera le tue credenze limitanti, esci finalmente dalla tua comfort zone.

Tutte le cose di cui ti sto parlando in questo libro le ho applicate personalmente nella mia vita. Nel corso del tempo non solo ho ottenuto risultati drasticamente migliori nel lavoro ma la mia vita è migliorata di molto.

Posso dedicare del tempo ai miei affetti, faccio il lavoro che ho sempre amato e sono sereno.

Anche io durante la mia crescita ho sbagliato diverse volte, ho fallito però mi sono rialzato sempre più forte di prima. Ho sempre creduto di poter fare meglio e ci sono riuscito.

Probabilmente anche in futuro cadrò altre volte ma tutto questo non mi abbatterà, anzi mi renderà più forte.

Ogni fallimento è una lezione che ti consente di migliorare alcune sfaccettature della tua personalità.

Ora puoi sviluppare finalmente la tua visione. Voglio che diventi una persona diversa, più grintosa, non affranta dalle sue paure, che abbia una visione di lungo termine e che creda fortemente in sé stessa.

Tu puoi farlo.

Spero che giorno dopo giorno ti renda conto che applicando tutti gli insegnamenti ricevuti in questo libro potrai ottenere degli incredibili benefici.

Questo come ti h detto è solo l'inizio, continua a formarti, continua a leggere, vedere corsi, apprendere nuove informazioni.

Non hai nulla da perdere.

Ricorda l'unica costante nella vita è il cambiamento. Sei destinato a cambiare con il tempo, se il cambiamento sarà negativo o positivo dipenderà solo ed esclusivamente da te!

"Non giudicare ogni giorno dal raccolto che raccogli, ma dai semi che pianti." - Robert Louis Stevenson

PERSUASIONE

Come usare le più potenti tecniche di manipolazione mentale per convincere le persone e farti dire di sì anche se hai torto… A tuo rischio e pericolo!

Di

Edoardo Beltrame

Disclaimer:

Si prega di notare che il contenuto di questo libro è esclusivamente per scopi educativi e di intrattenimento. Ogni misura è stata presa per fornire informazioni accurate, aggiornate e completamente affidabili. Non sono espresse o implicate garanzie di alcun tipo. I lettori riconoscono che il parere dell'autore non è da sostituirsi a quello legale, finanziario, medico o professionale.

1. Come influenzare le decisioni degli altri
1.1 Perché è importante

Quando si parla di **manipolazione mentale** o di **tecniche per influenzare le decisioni altrui**, molto spesso alle persone vengono in mente chissà quali attività malvagie.

La realtà è che non si tratta assolutamente di magia nera o cose simili, ma solamente dello studio dei comportamenti umani, a cui seguono alcune semplici **tecniche di persuasione**.

Insinuare che il tentativo di influenzare le scelte altrui e le rispettive tecniche di manipolazione sia qualcosa di malvagio, capace di convincere le persone a compiere azioni che altrimenti non farebbero, è sicuramente una definizione fuorviante.

Studiando la realtà dei fatti, invece, emerge come l'influenza di un individuo (o di un gruppo di individui) su un'altra persona è sempre esistita nella società umana.

Prova a ragionarci sopra.

Ti risulterà evidente e facile da comprendere come ogni nostra scelta sia sempre influenzata da una grande quantità di fattori, che siano questi dettati da necessità, gusto o marketing.

Ad esempio, sceglierò di comprarmi un computer più potente perché sono influenzato dalla necessità di eseguire operazioni più complesse; sceglierò di acquistare una particolare bibita piuttosto che un'altra perché mi piace di più; comprerò un paio di scarpe sportive perché il testimonial della pubblicità è il mio calciatore preferito.

Gli esempi di influenze di qualsiasi tipo, che ogni giorno sono in grado di condizionare ogni nostra scelta, sono infiniti.

Per riuscire ad essere competitivi in un mondo e in una società del genere è necessario comprendere queste influenze ed utilizzarle a proprio favore, sia nella vita di tutti i giorni che in quella prettamente professionale.

Al giorno d'oggi, in particolare, il sapere influenzare le scelte delle altre persone è un fattore decisamente importante per emergere dalla massa dei competitors.

Con l'**innovazione tecnologica** e la diffusione di molti media ormai entrati abitualmente nella nostra vita, ogni persona è bombardata di informazioni come mai nessun uomo lo era stato in nessuna altra epoca storica che si ricordi.

Tutte queste informazioni influenzano ogni nostro gesto, ogni nostro acquisto e ogni nostro comportamento.

Ciò avviene soprattutto a livello inconscio.

I più recenti studi sociologici e di marketing hanno evidenziato che ben **il 95% delle scelte che prendiamo ogni giorno è frutto di influenze a livello inconscio**, la maggior parte delle quali causate da fattori emotivi o dalla grande quantità di informazioni a cui ogni giorno siamo sottoposti.

Appreso il perché sia importante conoscere i metodi e l'esistenza di tecniche persuasive, di manipolazione e di influenza sulle persone, è necessario che tu comprenda che esistono **due strade percorribili** per farlo.

Queste due strade sono ugualmente efficaci, ma agiscono sulla mente umana in maniera completamente opposta, aiutandoti comunque ad arrivare al risultato di persuadere il tuo ascoltatore a compiere una determinata azione.

La prima via è quella di riportare la comunicazione tra te e il tuo ascoltatore ad un **livello consapevole**, arrivando al condizionamento delle sue scelte tramite un processo il più razionale possibile.

Per scoprire i vantaggi di questo metodo e come fare per metterlo in pratica, leggi il secondo paragrafo del capitolo.

La seconda alternativa consiste nel seguire il trend dell'era moderna e agire sul **livello inconscio** del tuo ascoltatore.

In questo caso ti torneranno sicuramente utili le tecniche spiegate nel terzo paragrafo di questo capitolo.

1.2 Il livello consapevole

Come si diceva poco sopra, impostare la propria comunicazione per influenzare le scelte altrui a livello consapevole è una delle due possibili vie da seguire.

Lavorare in questo modo dà anche la possibilità di *differenziarsi dalla massa e dai competitors*, i quali, come abbiamo visto in precedenza, molto probabilmente cercheranno di lavorare sul livello inconscio.

Ovviamente lavorare su un livello di consapevolezza del proprio interlocutore non vuol dire impostare la conversazione come se si fosse al bar con un amico, ma necessita di un attento studio per capire, prima di tutto, con chi si sta parlando e, secondo poi (non in ordine di importanza), di cosa si sta parlando.

Immaginando, ad esempio, una trattativa a due, se scegli di lavorare sul livello consapevole, **devi per prima cosa conoscere il tuo interlocutore.**

Per fare ciò è consigliabile anche porgli domande private in modo che tu possa capire quali siano le leve su cui lavorare per spingere il tuo interlocutore a compiere una scelta piuttosto che un'altra.

Un altro fattore molto importante è il **comprendere le dinamiche relazionali** che si vanno ad instaurare tra te e il tuo interlocutore, ma anche tra il tuo interlocutore e la società: in poche parole è utile anche capire quale ruolo sociale la persona con cui stai parlando ricopra.

Una volta compresi questi fattori, non resta che cercare di utilizzarli a proprio favore.

Per fare un esempio molto semplice e banale, ma estremamente comprensibile ed efficace, se sei un agente immobiliare e il tuo cliente è un padre di famiglia con una buona disponibilità economica, con due figli e un cane che ama tantissimo, sarà opportuno mostrargli una villa con tre camere da letto e un ampio giardino, cercando di far leva sul fatto che ogni componente avrà a disposizione una propria camera (una per marito e moglie e una a testa per i figli) e un grande giardino per giocare con il cane.

Cerca quindi di sottolineare il più possibile come il prodotto che stai vendendo abbia le caratteristiche giuste per il tuo interlocutore, cercando di convincerlo a procedere con l'acquisto secondo un ragionamento consapevole e razionale.

Questo, come si è detto, è un esempio molto semplice.

La persuasione a livello consapevole funziona però anche in base ad altri fattori.

Gli esperti hanno cercato di schematizzarli, riassumendo tutti i modi in cui una persona è condizionabile in **otto principi**.

Il primo principio, forse il più importante, è il **principio di autorevolezza**.

In questo caso si cerca di convincere, ad esempio un potenziale cliente, della propria autorevolezza in un determinato campo.

Il modo più efficace di procedere è mostrare ai tuoi clienti i dati che testimoniano la tua leadership nel settore, questi possono essere il numero in costante aumento dei clienti o quello dei pezzi venduti, l'aumento del fatturato oppure delle recensioni positive di chi ha già provato un tuo servizio. In questo modo il potenziale cliente sarà più propenso ad affidarsi alla tua attività.

Continuando, vi è il **principio di gratuità**. Questo ovviamente non significa regalare i propri prodotti.

Si è notato che dare, ad esempio, gadget in omaggio alle fiere di settore oppure, nel caso di un ristorante, offrire l'amaro dopo il caffè, influenza di molto una possibile decisione futura del cliente.

Nel caso del ristorante, offrire un bicchiere di limoncello ha un costo irrisorio per l'attività, ma lascia un ricordo positivo nella mente del cliente, rendendo molto più probabile che ritorni nel futuro.

Il **principio di scarsità** è uno di quelli più utilizzati nel mondo del marketing, in particolare nel settore del retail e dei servizi. Quante volte ti è capitato di sentire che una determinata offerta è valida solo per i prossimi tre giorni?

Quanto volte hai visto la pubblicità di un hotel che offriva l'ultima camera rimasta per la settimana di Ferragosto ad un prezzo scontatissimo?

Questo è una delle tecniche di comunicazione più comuni e consiste nel mettere pressione al potenziale cliente, per fare in modo che prenda al più presto una decisione, magari anche sottovalutando i lati negativi dell'accettare una determinata offerta.

Restando in ottica marketing, arriviamo al principio più amato dai pubblicitari: quello di associazione.

Il **principio di associazione** consiste nell'instaurare accanto ad un prodotto o servizio un'idea che sia positiva per l'interlocutore.

Quante volte ti è capitato di vedere una bella ragazza poco vestita nelle pubblicità dei profumi?

In quante pubblicità di supermercati appaiono famiglie felici?

La risposta ad entrambe le domande è, ovviamente, molte.

Ciò spinge il potenziale cliente ad associare il brand all'immagine mostrata, influenzando così le sue scelte future.

Proseguendo, troviamo il **principio di riprova sociale**.

Questo cerca di sfruttare il conformismo dell'epoca moderna.

Una persona, infatti, sarà spinta ad eseguire un'azione se vede tutte le altre persone farla.

In questo caso si innesca un circolo vizioso: più si riesce a far diventare popolare un prodotto o un servizio, più persone saranno influenzate nell'acquistare quel determinato prodotto, andando ad alimentare il gruppo di persone che influenzano altri potenziali clienti.

Proseguiamo con il **principio di sorpresa** che ci dice di non creare troppa attesa.

Certo, facendo così si andrà a creare *hype*, ma ci si giocherà l'opportunità di sorprendere il nostro interlocutore.

Se ad esempio l'offerta per la prenotazione di una camera di hotel arriva tramite mail senza preavviso, c'è una buona probabilità che il potenziale cliente ne rimanga colpito in modo positivo e, di conseguenza, potrebbe effettuare una prenotazione nel breve periodo.

Attenzione però: non esagerare nell'applicazione pratica di questo principio, potresti rischiare di far diventare, ad esempio, la tua newsletter spam.

Arrivando verso la fine di questa lista di pratici principi, è il momento di introdurre il **principio di contrasto**.

Questo principio è più facile da capire facendo un esempio.

Se sei un venditore e devi proporre ad un potenziale cliente due prodotti tra cui deve scegliere, e sai che il primo prodotto è decisamente meno conveniente ed è quindi improbabile che il tuo interlocutore lo acquisti, presentalo sempre per primo.

In questo modo, l'insoddisfazione del tuo interlocutore durante la presentazione del primo prodotto, metterà in evidenza le qualità del secondo; sarà quindi molto più probabile che il potenziale cliente proceda nell'acquisto immediato del secondo prodotto, ovvero il prodotto che desiderava fin dall'inizio.

Arriviamo infine al **principio di coerenza**.

Questo è da tenere ben a mente in tutti i casi in cui è impossibile o improbabile convincere il proprio interlocutore a compiere scelte nell'immediato.

Torniamo all'esempio del padre di famiglia che deve comprare una casa.

È praticamente impossibile che un uomo, per quanto benestante, possa accettare di fare subito un investimento di soldi così importante.

In questi casi non devi far altro che essere paziente ed accompagnare il tuo potenziale cliente lentamente verso la decisione giusta per entrambi, arrivando alla conclusione della trattativa per step.

1.3 Il livello inconscio

Un secondo modo di agire per influenzare le scelte delle altre persone è lavorando a livello dell'inconscio.

Come è stato accennato prima, questo è il metodo più usato in epoca moderna e, sembrerebbe, anche quello più efficace dato che il 95% delle nostre scelte sono influenzate da decisioni prese proprio a livello inconscio.

Il rischio, però, è quello di andare ad appiattarsi sugli altri competitors: lavorando praticamente chiunque su questo livello, sarà molto più difficile differenziarsi dalla massa.

Insomma, se vuoi avere successo nel tuo campo, influenzando le scelte degli altri a livello inconscio, devi studiare molto e padroneggiare al meglio alcune tecniche di persuasione.

Nelle righe qua sotto ti verranno spiegate attentamente le tre migliori tecniche con risvolti pratici da utilizzare durante trattative, discorsi pubblici o semplici dialoghi tra amici e parenti, al fine di influenzare i tuoi interlocutori nelle loro scelte.

La prima tecnica è la più famosa, probabilmente l'hai già sentita, ma risentirla nuovamente di sicuro non ti farà male.

Questa tecnica è diventata famosa con il nome di **"Tecnica del Piede nella Porta"** ed è davvero tra le tecniche di manipolazione più usate, risalente almeno agli anni Ottanta.

Questa tecnica consiste nel riuscire a strappare al proprio interlocutore un primo "sì", anche banale, per poi passare alla domanda in cui realmente si vuole strappare il "sì".

Facendo un esempio la spiegazione è più semplice.

Nel caso tu dovessi spingere i tuoi clienti a sottoscrivere un contratto, ad esempio, per una nuova azienda di energia elettrica, evita di porre come prima domanda "Vuoi sottoscrive il contratto con me?".

Prova invece ad offrire in regalo un gadget come una penna o fare domande per cui ti aspetti una risposta positiva.

Strappato il primo sì, sarai riuscito ad instaurare una sorta di legame con il tuo interlocutore.

A questo punto passa alla trattativa vera e propria, discutendo i termini del contratto: in questo modo è molto più probabile che il potenziale cliente accetti di sottoscrive il contratto con te.

Ricorda però: *evita di porre domande troppo banali* come "Anche lei utilizza l'energia elettrica?", non faresti altro che innervosire il tuo interlocutore, mettendo per te la trattativa in salita.

Proseguiamo con un consiglio sull'esposizione.

Questa è una tecnica utilizzata non solo dai venditori, ma ampiamente in voga anche tra i politici di tutto il mondo.

Io la chiamo la **"Tecnica della Medaglia"**, in quanto mi piace pensare a questa tecnica come la tecnica giusta per cercare di ricavare il meglio da entrambe le facce della medaglia di un discorso: su una faccia c'è l'incisione di un concetto che non troverà riscontro positivo nell'interlocutore, dall'altra, invece, un concetto con cui l'interlocutore è d'accordo.

Questa pratica tecnica distingue quindi due differenti casi:

1. Un primo caso consiste nell'esporre un concetto ad uno o più interlocutori che non sono d'accordo con te
2. Il secondo, al contrario, con interlocutori che invece credono in quel concetto

Se immagini che la persona (o la platea) a cui stai parlando non sarà d'accordo con ciò che stai per esporre, fallo il più velocemente possibile, passando poi ad un argomento su cui siete entrambi d'accordo: in questo modo il tuo interlocutore non avrà il tempo di costruire una critica e il suo disaccordo passerà in secondo piano.

Al contrario, se sai che il tuo interlocutore è d'accordo con te, spiega lentamente tutti i punti del discorso, in modo da sottolineare che siete sulla stessa lunghezza d'onda.

Questa tecnica, combinando i due casi, è molto utile in particolar modo quando si deve comunicare un concetto positivo, ma si è obbligati a comunicarne anche uno negativo, dovendo quindi, per l'appunto, cercare di ricavare il meglio da entrambi "i lati della medaglia".

Utilizzando questa tecnica pratica, riuscirai a dare più enfasi alle cose buone del tuo discorso, "nascondendo" ciò che non fa felice il tuo interlocutore e, allo stesso tempo, evitando di essere accusato di aver tenuto nascoste certe informazioni.

Infine, come ultima tecnica, c'è quella che chiamo "**Tecnica della Libertà**".

Questa tecnica consiste nel ricordare al proprio interlocutore che è libero in ogni scelta.

Sembra quasi un controsenso, ma è stato provato che se una persona pensa di prendere una scelta, senza essere sottoposta a troppe pressioni o influenze, sarà paradossalmente ancora più influenzata dalle tue parole.

È ovvio che nessuno è obbligato a procedere con un determinato acquisto, tuttavia, se sei in trattativa, inserire saltuariamente frasi come "Non si senta obbligato" oppure "È libero di prendere la decisione che preferisce", il tuo potenziale cliente si sentirà più indipendente, ma a livello dell'inconscio sarà maggiormente influenzato a prendere la decisione che vuoi tu.

1.4 Riepilogo

In questo primo capitolo hai imparato diversi concetti che ti torneranno sicuramente utili sia nella vita personale che in quella professionale.

Hai imparato che è molto importante per aver successo conoscere alcune tecniche di manipolazione e persuasione, utilizzate ormai da moltissimi anni in diversi campi, in particolare nel marketing e in politica.

Abbiamo visto come, a seguito delle continue evoluzioni tecnologiche, al giorno d'oggi sia ancora più importante conoscere queste tecniche per influenzare le scelte delle persone ed emergere dalla massa.

Ti è stato spiegato come esistano fondamentalmente due modi di agire: a livello consapevole e a livello inconscio.

Agendo a livello consapevole si cerca di far leva sulle scelte razionali del proprio interlocutore.

Per farlo, ci sono otto principi da tenere a mente:

- Principio di autorevolezza
- Principio di gratuità
- Principio di scarsità
- Principio di associazione
- Principio di riprova sociale
- Principio di sorpresa
- Principio di contrasto

- Principio di coerenza

Lavorando invece a livello inconscio, si cerca di influenzare le scelte degli altri tramite alcune tecniche che sfruttano alcune caratteristiche della psiche umana. Queste tecniche sono:

- Tecnica del Piede nella Porta
- Tecnica della Medaglia
- Tecnica della Libertà

Assimilate queste tecniche, non ti resta che provarle nella pratica la prossima volta che affronterai una trattativa, un discorso in pubblico, una campagna pubblicitaria o anche una semplice discussione al bar con i tuoi amici: quelli esposti sono davvero principi e tecniche estremamente pratiche, utili per chiunque e in qualsiasi campo della vita.

Per scoprire se hai compreso tutti concetti esposti al meglio, rispondi ai veloci esercizi che trovi nella pagina successiva.

Se riesci a rispondere a tutte le domande correttamente, prosegui nella lettura di questo testo.

Se invece trovi difficoltà, è probabile che tu debba assimilare ancora qualche concetto, ma niente paura: rileggi le parti del capitolo che non ti sono ancora chiare, poi prosegui nella lettura.

Esercizi Capitolo 1

Per ogni affermazione, scegli tra "Vero" e "Falso". Le soluzioni le trovi nella pagina successiva alla fine degli esercizi.

1. Al giorno d'oggi conoscere le tecniche di persuasione e manipolazione per influenzare le decisioni degli altri è meno utile che nei decenni precedenti.

   ☐ Vero
   ☐ Falso

2. Il 95% delle nostre decisioni derivano da processi decisionali inconsci.

   ☐ Vero
   ☐ Falso

3. Esistono due vie ugualmente efficaci per influenzare le scelte altrui: lavorare sul livello consapevole e lavorare sul livello inconscio.

   ☐ Vero
   ☐ Falso

4. Lavorando sul livello consapevole si rischia maggiormente di mischiarsi con i competitors.

☐ Vero

☐ Falso

5. Lavorare a livello consapevole vuol dire cercare di condizionare le scelte inconsapevoli dell'interlocutore.

☐ Vero

☐ Falso

6. Per applicare il principio di autorevolezza, può essere utile mostrare al cliente dati concreti (numero clienti, aumento del fatturato, …)

☐ Vero

☐ Falso

7. Il principio di contrasto dice che se devi presentare due offerte, è meglio presentare per prima la più vantaggiosa.

☐ Vero

☐ Falso

8. Applicando la "Tecnica del Piede nella Porta" si lavora sul livello consapevole.

☐ Vero

☐ Falso

9. È sempre meglio esporre in modo veloce i concetti che possono trovare in disaccordo il tuo interlocutore.

☐ Vero
☐ Falso

10. Ricordare al tuo interlocutore che ha libertà di scelta può condizionare in tuo favore le sue decisioni.

☐ Vero
☐ Falso

Soluzioni esercizi Capitolo 1

1. Falso
2. Vero
3. Vero
4. Falso
5. Falso
6. Vero
7. Falso
8. Falso
9. Vero
10. Vero

2. Cosa fa muovere le persone

2.1 Perché le persone agiscono

Come ti sarà sicuramente capitato di notare, le persone non si muovono mai senza una vera motivazione.

La conseguenza di questa frase è che ogni azione che la gente fa è dettata da un motivo o da un pensiero ben preciso.

Conoscere le motivazioni che stanno alla base delle azioni delle persone, ovvero i bisogni e le voglie responsabili di far muovere la gente, è uno dei fattori più importanti per capire come manipolare le scelte delle persone nella pratica.

Forse in questo momento non sei convinto di ciò che hai appena letto.

Magari stai pensando ad una qualche azione che hai fatto nel passato, mossa semplicemente dal piacere e non per un ritorno personale.

Certo, anche questo scenario è più che possibile.

Vuol dire che ti ho appena dato un'informazione falsa?

Assolutamente no.

Infatti, studi di psicologia hanno dimostrato come tutte le azioni che l'uomo compie sono mosse da una moltitudine di motivazioni, essenzialmente raggruppabili in due macroaree: da una parte vi sono le **motivazioni intrinseche**, dall'altra le **motivazioni estrinseche.**

Le **motivazioni intrinseche** sono tutte quelle motivazioni che ci portano a compiere un'attività solo per il gusto di farla: non siamo obbligati a compiere una determinata azione, ma ne traiamo piacere.

Le **motivazioni estrinseche**, invece, sono quelle motivazioni che derivano da un obbligo.

In questo caso, allora, la motivazione non è interna all'azione stessa, ma è dettata da fattori esterni.

Facendo qualche esempio, il discorso sarà sicuramente più chiaro.

Un dipendente va al lavoro non perché sia il suo hobby preferito, ma perché ha la motivazione dello stipendio, ovvero una motivazione estrinseca.

Il sabato alle 18 vado al bar con i miei amici per fare un aperitivo, lo faccio perché ne traggo piacere, non perché sono obbligato a farlo: questo è un classico esempio di motivazione intrinseca.

Insomma, si può dire che le motivazioni estrinseche sono quelle che funzionano tramite il vecchio metodo del *bastone e della carota*: ad un'azione, fatta anche controvoglia, corrisponde una ricompensa.

Le motivazioni intrinseche, invece, risiedono all'interno dell'azione stessa, nel piacere che ne ricaviamo.

Questa è sicuramente una prima ed efficace divisione tra le motivazioni che spingono ad agire l'uomo, ma la divisione nella nostra psiche non è così netta.

Una motivazione estrinseca, ad esempio, può trasformarsi in intrinseca.

Mi iscrivo in palestra perché voglio migliorare la mia forma fisica (motivazione estrinseca), ma piano piano scopro che l'allenamento mi piace come attività in sé e per questo motivo continuo ad allenarmi (motivazione intrinseca).

Quello appena citato è uno scenario comune, che sicuramente molte persone hanno provato nell'arco della propria vita.

Ciò testimonia come la divisione nella nostra psiche, come già detto, non sia così netta: non è tutto bianco o nero, ma ci sono invece molte zone grigie.

Nei prossimi paragrafi ti verranno presentati altri due studi di psicologia, diventati particolarmente celebri nel mondo del business per la loro applicazione pratica nelle tecniche di persuasione.

Queste teorie sono oggi molto famose: la prima è conosciuta con il nome di **bisogni fondamentali di Maslow**, la seconda come i **sei principi di Cialdini**.

2.2 I bisogni fondamentali di Maslow

Abraham Harold Maslow è stato uno degli uomini più influenti in questo campo durante il Novecento.

Psicologo statunitense, è stato un esponente di spicco della corrente della *psicologia umanistica*, occupando per quasi vent'anni il ruolo di Capo del Dipartimento di Psicologia dell'Università di Brandeis, nel Massachusetts.

Scrittore di moltissimi saggi, è celebre ancora oggi per essere stato l'autore della teoria diventata famosa con il nome di **piramide di Maslow**, nella quale vengono esplicitati i **bisogni fondamentali dell'uomo**.

Questi bisogni, secondo Maslow, sarebbero le motivazioni chiave che spingono qualsiasi uomo ad agire.

Al fondo della piramide troviamo tutti i bisogni primari dell'uomo, quelli dettati dalla nostra natura come specie.

Man mano che si sale nei livelli, invece, si trovano bisogni sempre più dettati dalle sovrastrutture della nostra società, meno fisici e più comportamentali.

Analizziamo ora passo per passo tutti i gradini della piramide.

Alla base della piramide vi sono i **bisogni fisiologici**.

Questi sono banalmente respirare, mangiare, il sesso e il dormire.

I bisogni fisiologici comprendono tutte quelle funzioni per cui il nostro corpo è stato *programmato* e senza le quali avremmo dei problemi a livello di salute e psicologico.

Riusciresti per caso a vivere senza respirare o mangiare?

Non credo proprio.

Ecco, alla base di questa piramide vi sono quindi tutti i bisogni più importanti per l'essere umano.

Proseguendo troviamo i **bisogni di sicurezza**, che sia questa fisica, monetaria, occupazionale, morale, familiare, di salute o via dicendo.

Una volta che i nostri bisogni fisiologici sono stati accontentati, l'uomo si muove ricercando la sicurezza: vuole più protezione, tranquillità e meno preoccupazioni ed ansie.

Ci siamo passati tutti, no?

Raggiunta la sicurezza, si passa ai **bisogni di appartenenza**.

Questi comprendono la creazione di forti legami con le altre persone, quindi coinvolgono la ricerca di amicizia, dell'affetto familiare o dell'intimità sessuale con un partner.

Molte volte le nostre azioni, anche se cerchiamo di nasconderlo, sono infatti mosse alla creazione di nuovi rapporti o per rafforzare quelli già esistenti.

L'uomo, essendo un animale sociale, non può prescindere da questo tipo di legami.

Creati i legami, si passa ai **bisogni di stima**.

Tutti noi vogliamo essere stimati dal prossimo.

Per questo motivo cerchiamo l'approvazione degli altri per tutta la vita, che lo si voglia o che non lo si voglia ammettere.

Ma non è solo degli altri che ci preoccupiamo.

Sì, perché devi sapere che uno dei bisogni più importanti in questa categoria è rappresentato dall'autostima, ovvero quella capacità di valutare positivamente le nostre azioni.

Senza autostima sarà difficile passare al prossimo e ultimo stadio della piramide, ovvero…

I bisogni di autorealizzazione.

Soddisfatti tutti i bisogni precedenti, si arriva alla cima della piramide di Maslow, rappresentata proprio dai bisogni di autorealizzazione.

Questi ci spingono a compiere azioni di creatività oppure dettate della nostra moralità.

Raggiunto questo stadio, la soddisfazione di questi bisogni sarà quindi volta solamente ad una crescità personale dell'individuo, che si libererà da pregiudizi, diventando più spontaneo e *puro*.

Moralità, creatività, liberazione dai pregiudizi e abilità di problem solving sono i capisaldi di quest'ultimo gradino.

Quella di Maslow è sicuramente una teoria molto interessante, capace ancora oggi, a diversi decenni di distanza dalla sua formulazione, di essere oggetto di moltissimi studi anche in ambito accademico.

Tra questi studi, negli anni, è doveroso specificare che non sono certo mancate anche numerose critiche.

Il punto su cui si concentra la maggior parte delle critiche a questa teoria è il fatto che sia molto rigida.

Nella pratica, non tutte le persone passano da tutti i *gradini* della piramide, altre, al contrario, provano bisogni appartenenti a più stadi contemporaneamente.

Inoltre, molte critiche attaccano la teoria di Maslow in quanto fa risalire tutte le motivazioni a bisogni interni alla persona, senza contare tutti i motivi esterni che spingono le persone ad agire, i quali, come abbiamo visto nel paragrafo precedente, hanno invece un ruolo molto importante in questo contesto.

A colmare questo gap, può essere una traslazione di questi bisogni nella pratica.

Lo so che probabilmente è ormai da diversi minuti che ti stai domandando "come possono tornarmi utili queste nozioni?", ma non temere: ora te lo spiego.

I bisogni di Maslow possono essere applicati ottenendo buoni risultati in diversi campi, ad esempio nel marketing o nella gestione delle risorse umane di un'azienda.

In questo caso in particolare, un'analisi del personale sulla base della piramide di Maslow può dare un'efficace idea di quanto i dipendenti siano felici e soddisfatti della propria posizione, modellando di conseguenza gli incentivi da assegnare nei mesi successivi.

In poche parole, più una persona si trova verso la cima della piramide di Maslow, più si sentirà soddisfatta della propria vita.

Valutare al meglio il grado di soddisfazione di chi ti sta di fronte, ti consentirà di conseguenza di comprendere anche quali sono i bisogni a cui è più sensibile, quali sono le necessità da cui è maggiormente toccato.

Sul piano del marketing, questo fattore ti permetterà di essere in una posizione di vantaggio rispetto al tuo interlocutore, magari un potenziale cliente, diventando più facile quindi intavolare una trattativa che si vada a concludere in vostro vantaggio.

Questo argomento è indissolubilmente legato a quello della valutazione dello stato d'animo dell'interlocutore, di come influenzarlo e di come trarne vantaggio.

Ma questo è un argomento che ti spiegherò più avanti.

2.3 I sei principi di Cialdini

Robert Cialdini è uno psicologo statunitense, che nel corso degli anni si è guadagnato la fama di essere uno tra i maggiori esponenti di questa disciplina.

Robert Cialdini è uno dei principali studiosi della scena moderna della *psicologia sociale*, concentrandosi in particolare sui risvolti, anche pratici, che questa disciplina ha nel persuadere le altre persone e nell'influenzare le loro scelte.

Questa particolare declinazione dei suoi studi ha consentito ha Cialdini di diventare una figura di riferimento anche nel mondo del marketing, tanto da avere oggi la cattedra di Marketing presso l'Arizona State University.

Nel corso della sua lunga e gloriosa carriera ha firmato moltissime pubblicazioni, sempre apprezzate dalle riviste, dalla critica e dai colleghi accademici, ottenendo per i suoi libri anche diversi premi.

Il punto di svolta della carriera di Robert Cialdini arriva nel 1984, anno in cui pubblica il suo libro più famoso, ovvero *Influence. Come spingere gli altri a dire di sì.*

La scrittura di questo libro ha rubato a Cialdini ben tre anni di vita.

Tre anni caratterizzati da un'instancabile attività di ricerca, volta a capire quali siano i fattori che influenzano le scelte dell'uomo e che lo spingono a scegliere di compiere una determinata azione piuttosto che un'altra.

In questa ricerca Cialdini ha messo tutto se stesso, andando anche a mettersi in gioco in prima persona, al fine di dare vita ad uno dei testi più illuminanti su questo argomento.

Ad esempio, per molto tempo il – ricordiamolo – professor Robert Cialdini, ha lavorato in incognito, infiltrandosi in diverse società di vario tipo.

Questa azione, al limite dello spionaggio, gli ha dato la possibilità di scoprire tutte le tecniche usate dai venditori.

Ha analizzato le attività di telemarketing, dei venditori di automobili (attività molto più popolare in America che in Italia, quasi simbolo del venditore *tipo* americano), oltre che di vari enti no-profit.

Dopo tre anni di attento studio, Cialdini è giunto alla conlcusione che ogni uomo si muove a causa di **sei principi** e che i venditori di ogni sorta, più o meno consapevolmente, plasmano sopra questi le loro tecniche di persuasione.

So cosa ti stai chiedendo.

La risposta è sì, ti ricordi bene.

Ne avevamo già visti otto di principi per persuadere le persone nel primo capitolo.

Quegli otti principi derivano infatti per gran parte dagli illuminanti studi di Cialdini.

Le due liste non sono certamente uguali, anche se alcuni principi, per l'appunto, si ripetono in entrambi gli studi.

Le nozioni che hai già appreso precedentemente nel primo capitolo non saranno quindi spiegate nuovamente nel dettaglio, ma per dover di completezza saranno comunque riportate anche in questo paragrafo.

Cercherò quindi di non appesantirti la lettura soffermandomi troppo su cose già dette.

Se qualche punto ti sembrerà comunque spiegato in maniera troppo sbrigativa, ti consiglio di tornare al capitolo 1 e rileggere il paragrafo 1.2.

Veniamo ora allo studio di Cialdini e alla sua teoria dei sei principi.

Il primo principio di Cialdini è il **principio della reciprocità**.

Questo è un principio abbastanza semplice, mai sentito "Ama il prossimo tuo come te stesso?".

Mi pare l'avesse detto qualcuno di famoso.

Il principio della reciprocità è ben riassumibile con questa famosa frase attribuita nei Vangeli a Gesù.

Ognuno di noi tratta gli altri nello stesso modo in cui percepisce di essere trattato da questi.

Trattando bene il tuo interlocutore, di conseguenza, anche questo sarà propenso ad averso un atteggiamento positivo nei tuoi confronti, diventando molto più disponibile nel seguire le tue istruzioni e a fidarsi di te.

Questo principio è presente in moltissimi campi della vita.

È molto usato ad esempio nel campo pubblicitario.

Quando le aziende offrono gadget gratuiti fanno un bel gesto verso i propri clienti o potenziali tali, in modo da far diventare più probabile che questi si fidino maggiormente dell'azienda stessa.

Questo principio emerge in molti altri casi, dai piccoli detti che sentiamo anche nella bottega sotto casa, come ad esempio "il cliente ha sempre ragione", fino alle grandi campagne filantropiche tipiche di molti imprenditori.

Proseguendo, abbiamo il **principio di scarsità**.

Questo è già stato visto nel capitolo 1, non c'è quindi bisogno di dilungarsi molto.

Basti ricordare che il principio di scarsità sostiene che le persone sono spinte ad agire se percepiscono di avere l'occasione di entrare in possesso di qualcosa di esclusivo o esistente in piccole quantità.

Rientrano in questa categoria tutte le offerte che recitano frasi come "disponibile fino a domani" oppure "ancora per pochi giorni".

Un caso interessante da studiare in questo contesto, molto popolare negli ultimi anni, riguarda la vendita di oggetti in edizione limitata, sui quali le aziende applicano rincari considerevoli.

Anche il terzo principio è già stato visto in precedenza.

Questo è il **principio di autorità**.

Questo principio è quello per cui le persone tendono a seguire le azioni e le parole di una qualche persona o azienda che ritengono leader in un determinato campo: per l'appunto, un'autorità.

Nel primo capitolo si era visto che a questo proposito può essere utile mostrare dati tangibili ai propri clienti o potenziali tali.

Il quarto principio nella lista del professor Cialdini è il **principio di impegno**, detto anche **principio di coerenza**.

Questo principio non è però da confendere con il principio di coerenza visto nel primo capitolo: Cialdini, infatti, utilizza questo termine con altri fini.

Il principio di impegno o di coerenza sostiene che le persone sono più disposte a compiere azioni che hanno gia fatto in passato.

Questo principio è molto utile nelle fasi di vendita.

Un buon venditore, infatti, per attirare nuovi clienti, deve essere in grado di studiare attentamente il mercato, analizzando le abitudini dei potenziali clienti.

Conoscendo le abitudini delle persone, secondo questo principio, sarà più facile poi nella pratica preparare una buona strategia di marketing e rapportarsi in maniera più efficace con i clienti.

Il quinto principio è il **principio di consenso**, detto anche **principio di prova sociale**.

Il principio di consenso sostiene che le persone sono portate a seguire la massa, creando così trend e tendenze.

Anche questo principio è stato analizzato attentamente nel primo capitolo, non è quindi il caso di soffermarsi a lungo su questo punto.

Il sesto e ultimo principio è il **principio di simpatia**.

Il principio di simpatia causa il cosidetto *effetto alone*, il quale vede la maggior parte delle persone valutare in maniera più positiva persone fisicamente attraenti.

Le persone fisicamente attraenti, nella nostra società moderna, vengono associate ad ideali di successo e di altezza morale, ciò avviene soprattutto a livello inconscio.

Il principio di simpatia è molto utilizzato in televisione, nel cinema e in ambito pubblicitario.

Ti sei mai chiesto perché la maggior parte delle star di Hollywood sia così attraente?

Ti sei mai domandato perché in tutti gli show televisivi ci siano vallette incredibilmente belle?

Hai mai notato che nelle pubblicità appaiono solo volti sorridenti che emanano sensazioni positive?

Ecco, ciò succede a causa proprio del principio di simpatia: le persone belle, attraenti e sorridenti sono percepite come più affidabili e rassicuranti.

Siamo così arrivati in fondo a questa lista, o forse no.

Ebbene sì, c'è un altro punto da far notare.

Recentemente, rispondendo ad alcune domande durante un'intervista, il professor Robert Cialdini avrebbe ammesso di essere nuovamente al lavoro per migliorare la sua teoria dei sei principi.

Cialdini non è stato molto esplicativo, anticipando davvero poco di ciò che è probabile pubblicherà nei prossimi anni una volta terminato il periodo di studio.

Ciò che ha anticipato, però, è un settimo e nuovo principio, non inserito in nessun altro libro da lui mai pubblicato.

Ha identificato questo principio come il **principio di unità**.

Cialdini non si è dilungato molto nella spiegazione di questo inedito principio, ma ha semplicemente sostenuto come una persona sia spinta ad essere persuasa da qualcuno con cui sente di condividere un qualche tipo di identità, accettando con meno remore le richieste di questi.

Questo ragionamento illuminante non può non far venire in mente molti comportamenti nella vita reale.

Nella pratica, ad esempio, si può facilmente comprendere che questo sia un meccanismo ampiamente utilizzato dai politici di successo: se si condivide con i propri elettori una fede politica salda e forte, sarà molto più facile influenzare i pensieri e le scelte di questi.

Questo principio è sicuramente molto in voga anche nel marketing e nelle pubblicità, basti pensare a tutti i possibili casi studio in cui le strategie di marketing vengono decise, come detto anche in precedenza, sulla base delle abitudini dei consumatori.

Facendo un esempio semplice, se Casalinga 1, dal vivo o in una pubblicità in televisione, consiglia a Casalinga 2 un determinato prodotto per la casa, sarà molto probabile che Casalinga 2 venga influenzata nelle sue scelte dalle parole di Casalinga 1, in quanto entrambe condividono la stessa "identità".

2.4 Riepilogo

In questo capitolo abbiamo visto quanto sia importante conoscere le motivazioni che stanno alla base delle scelte delle persone.

Queste nozioni, nella pratica, sono utili in tutti i casi in cui si voglia cercare di manipolare il proprio interlocutore, influenzandone le scelte.

Ti sono state spiegate due proposte di analisi, formulate da due tra i più illustri studiosi di questo settore.

La prima analisi è la piramide dei bisogni di Maslow, nella quali vengono indicate cinque categorie di motivazioni.

Secondo Maslow, man mano che l'uomo riesce a soddisfare i bisogni alla base della piramide, il suo interesse passa al bisogno del "gradino" successivo, e così via fino ad arrivare alla punta.

I bisogni di Maslow, partendo dalla base della piramide, sono:

- Bisogni fisiologici
- Bisogni di sicurezza
- Bisogni di appartenenza
- Bisogni di stima
- Bisogni di autorealizzazione

Cialdini divide invece le motivazioni che portano l'uomo ad agire in sei principi, di seguito riportati:

- Principio di reciprocità
- Principio di scarsità
- Principio di autorità
- Principio di impegno e coerenza
- Principio di consenso o prova sociale
- Principio di simpatia

Sulla base di questi principi sono formulate la maggior parte delle tecniche di persuasione e le campagne di marketing di maggior successo.

Esercizi Capitolo 2

Per ogni affermazione, scegli tra "Vero" e "Falso". Le soluzioni le trovi nella pagina successiva alla fine degli esercizi.

1. Studi di psicologia hanno dimostrato che le motivazioni provate dall'uomo sono essenzialmente di due tipi: intrinseche ed estrinseche.

☐ Vero
☐ Falso

2. Le motivazioni intrinseche possono derivare da un obbligo imposto.

☐ Vero
☐ Falso

3. Alla base della piramide di Maslow troviamo bisogni secondari dell'uomo, come ad esempio la creatività.

☐ Vero
☐ Falso

4. Secondo Maslow, tra i bisogni dell'uomo viene prima la sicurezza dell'appartenenza. Per questo motivo l'appartenenza è più in alto nella piramide.

☐ Vero

□ Falso

5. Tra i bisogni di stima rientra anche il bisogno di autostima.

□ Vero
□ Falso

6. La teoria di Maslow è stata da molti criticata perché non tiene conto delle motivazioni esterne.

□ Vero
□ Falso

7. Secondo il principio di reciprocità di Cialdini, le persone trattano le altre come percepiscono di essere trattate da queste.

□ Vero
□ Falso

8. Secondo il principio di scarsità, le persone sono meno attratte da qualcosa percepito come scarso.

□ Vero
□ Falso

9. Il principio di impegno è chiamato anche principio di consenso.

□ Vero
□ Falso

10. Il principio di simpatia dice che non basta essere attraenti per avere una maggior capacità di persuasione. Le persone attraenti, infatti, sono generalmente percepite come poco affidabili.

    ☐ Vero
    ☐ Falso

Soluzioni esercizi Capitolo 2

1. Vero
2. Falso
3. Falso
4. Vero
5. Vero
6. Vero
7. Vero
8. Falso
9. Falso
10. Falso

3. Gli stati d'animo

3.1 L'importanza del giusto stato d'animo

Puoi conoscere tutte le tecniche della persuasione a livello inconscio, i principi per influenzare le persone a livello consapevole, puoi anche aver studiato perfettamente fior di teorie, quella di Maslow, di Cialdini e molte altre.

Ma se la tua carriera non è ancora decollata, è perché molto probabilmente non hai capito la cosa più importante.

Ciò che muove le persone più di ogni altra cosa, sono le **emozioni**.

Nota che non sto cercando di convincerti sulla veridicità di qualche concetto desueto proveniente dalla cultura hippie, ma ti sto parlando di ciò che da anni è ormai noto nel mondo del marketing e non solo.

La teoria che vede nelle emozioni il modo migliore per coinvolgere non solo il singolo individuo, ma anche intere masse, ha avuto la sua definitiva conferma più o meno negli ultimi sette/dieci anni, con la definitiva affermazione dei **social media**.

Prova a pensare al lavoro che fanno gli influencer su Instagram o Youtube.

Le persone che hanno più seguito cercano, più o meno consapevolmente, di fare leva proprio sulle emozioni del loro pubblico.

Con l'avvento dell'era della digitalizzazione questo fatto è stato ampliato a dismisura.

Oggi infatti è possibile diventare dei fenomeni mediatici in poco tempo, ma per farlo bisogna essere in grado di toccare le persone nei punti giusti.

I contenuti - in particolare quelli sul web - che riescono ad emozionare le persone sono in grado oggi di diventare virali in pochissimo tempo, diventando famosi in tutta la nazione e, addirittura, in certi casi su scala internazionale.

Il fatto che le emozioni siano la base su cui costruire la propria comunicazione (che sia personale o di impresa, online o offline) è un fatto ormai da tempo risaputo anche nel mondo del marketing e utilizzato da decenni in ambito pubblicitario.

L'importanza di saper far leva sulle emozioni non coinvolge solo le singole persone o i singoli professionisti, ma anche le grandi aziende.

Proviamo a fare ora un esempio proprio sulle grandi aziende: tornerà sicuramente utile per comprendere quanto questa strategia sia efficace ed ampiamente utilizzata anche nella comunicazione d'impresa.

Le emozioni possono essere espresse in vari modi: a parole, in video o in immagini.

Una buona comunicazione di impresa deve riuscire a fare in modo che tutti i mezzi tramite cui l'emozione possa essere comunicata, convergano verso un'unica idea e un unico obiettivo.

Per fare un esempio di comunicazione di un'emozione forte e precisa, da anni fulcro delle campagne pubblicitarie di un grande brand, pensa al famoso *Just do it.* di *Nike*.

Tre semplici parole e un punto, capaci però di comunicare esattamente le giuste emozioni: coraggio, superamento delle difficoltà e la felicità che si prova arrivati al successo.

In questo modo, queste emozioni vengono indelebilmente associate nella mente del possibile cliente all'immagine del brand.

La conseguenza ovvia è che, a livello più o meno consapevole, il ragionamento che si è portati a fare in quanto compratori consiste nel fatto che se voglio provare quelle emozioni, se voglio essere coraggioso e raggiungere la felicità e il successo, comprare un paio di scarpe della *Nike* mi può essere senza ombra di dubbio d'aiuto.

Ogni buona comunicazione d'impresa, ogni buona pubblicità, deve essere in grado di accompagnare il cliente in un processo mentale del genere, spingendolo alla fine del percorso all'acquisto di un determinato bene o servizio.

Non sempre però la comunicazione si basa su emozioni positive o condivisibili.

Molto spesso i contenuti che diventano virali sono controversi, informativi o causa di discussione.

Anche questo concetto è ormai da tempo risaputo nel mondo del marketing e delle vendite.

Prenderemo ancora d'esempio il mondo della pubblicità.

Anche le pubblicità, così come i contenuti dei social media, sono in grado di creare dei trend.

Una volta che un determinato modo di esprimersi si è affermato, creare un contenuto capace di rompere le regole può essere una strategia vincente, in grado di far emergere la propria pubblicità dalla massa, rompendo le convenzioni di comunicazione vigenti in quel determinato momento.

Il risultato è duplice: da una parte si creerà dibattito (di qualsiasi tipo possibile), dall'altra, conseguenza anche del primo punto, l'azienda che ha osato creare la pubblicità sovversiva guadagnerà un notevole aumento di visibilità su grossa scala.

Tutti questi ragionamenti sono perfettamente applicabili anche nella vita di tutti i giorni, durante semplici vendite uno a uno o nei classici dialoghi tra colleghi, amici e parenti.

Vedremo nel particolare come farlo poco più avanti, prima hai bisogno di qualche veloce nozione teorica per comprendere le successive applicazioni pratiche.

Ma continuiamo con il nostro discorso.

Avere una buona comunicazione, in generale, significa prima di tutto saper comunicare le giuste emozioni.

Il problema principale è che le emozioni umane sono molte e non così semplici da controllare.

A questo fine, gli esperti hanno cercato di sintetizzare questo ampio spettro in quattro emozioni generiche, che sicuramente ti saranno familiari.

Vediamole insieme.

La prima emozione è, ovviamente, la **felicità**.

Che la felicità e la sua ricerca, in tutte le sue possibili declinazioni, sia alla base delle motivazioni che spingono l'uomo a muoversi è cosa ormai risaputa da diversi secoli, ben prima dell'avvento del marketing e delle tecniche di comunicazione.

Prima di queste discipline, infatti, già molti filosofi e religioni si sono interrogati su cosa sia la felicità e sul modo migliore possibile per raggiungerla, dandosi di volta in volta risposte differenti.

Passando ad argomenti più pertinenti ai nostri interessi, è importante notare come nel marketing la comunicazione della felicità non sia solo di un tipo, ma esistono ne esistono di varie.

Le strade possibili sono essenzialmente due.

Una prima strategia vede la comicità al centro del contenuto.

Suscitando le risate dell'audience o riuscendo a strappare un semplice sorriso al pubblico, sarà più probabile che parte di questo possa diventare cliente della propria azienda.

Una seconda strategia, invece, vede nel creare situazioni di confort e rilassatezza.

Situazioni insomma capaci di comunicare allegria e buonumore.

In entrambi i casi, comunque, l'obiettivo è quello di associare al brand un'emozione positiva, per l'appunto la felicità, instaurando questo paradigma nelle menti dei potenziali clienti.

Entrambe le strategie sono ugualmente efficaci e ampiamente usate in particolar modo nell'ambito della comunicazione aziendale.

La seconda emozione è la **tristezza**, a cui si accompagna la **preoccupazione**.

La tristezza è il contrario della felicità e rappresenta una delle emozioni più forti che l'uomo possa provare.

Ma perché scegliere di comunicare un'emozione "negativa"?

La risposta è semplice.

Comunicando tristezza, si ricerca la commozione, a cui seguono coinvolgimento emotivo nella causa e sentimenti di apprensione.

Si è notato, infatti, come l'uomo sia molto più portato a lasciarsi coinvolgere e ad empatizzare con situazioni di tristezza piuttosto che con situazioni di felicità.

Il problema principale di questo tipo di comunicazione è rappresentato dalla possibilità di cadere in cliché, ottenendo così il risultato opposto di quello desiderato.

Ciò accade spesso nelle iniziative a scopo commerciale: associare un prodotto alla tristezza, tentando di provocare commozione nel potenziale cliente, può causare invece in questo nervosismo e riluttanza nel lasciarsi coinvolgere emozionalmente.

Il cliente, in molti di questi casi, respinge il messaggio pubblicitario perché si sente quasi preso in giro, domandandosi se si stia giocando con le sue emozioni per trarne un profitto economico.

Sicuramente anche tu ti sarai trovato dalla parte del cliente in almeno un'occasione del genere, e non penso proprio che la tua idea di quel brand sia ad oggi molto positiva.

Questa tattica, invece, è molto più efficace nella comunicazione di eventi, campagne di beneficenze ed enti no-profit.

Questi sono scenari in cui l'audience è molto più portata a lasciarsi coinvolgere da queste emozioni.

Proseguendo troviamo la **rabbia**.

Anche in questo caso troviamo un'emozione negativa, cerchiamo di capire come puoi utilizzarla a tuo favore.

Questa tattica è decisamente meno usata rispetto alle due precedenti nella comunicazione, in quanto la rabbia è un sentimento molto più "animalesco" e più difficilmente controllabile.

Di conseguenza può essere complicato prevedere le reazioni da parte dei clienti.

In una pubblicità, una buona tecnica per utilizzare questo sentimento è la *compensazione*.

Cerco di spiegarmi meglio.

La compensazione, in questo caso, consiste nel creare, ad esempio sempre nel caso di una pubblicità, una sensazione sgradevole, che per l'appunto provochi rabbia nello spettatore.

Piantato il seme della rabbia, prima della fine della pubblicità, si deve attuare un capovolgimento della situazione, compensando la rabbia provata all'inizio con un senso di soddisfazione.

La causa di questa soddisfazione deve essere ciò che si sta cercando di comunicare.

Ad esempio, si potrebbe mostrare una situazione di ingiustizia (provocando rabbia), per poi farla risolvere riportando la giustizia (provocando soddisfazione).

Questo cambio di emozioni deve accadere ad opera, ad esempio, del prodotto che si sta pubblicizzando, il quale sarà quindi associato ad un'emozione positiva.

Infine, arriviamo all'ultima emozione, ovvero la **sorpresa**.

Qua c'è poco da spiegare e in parte sono concetti già detti all'inizio del capitolo.

Una buona tattica di comunicazione è rompere le regole, sfondando i canoni e i trend vigenti in quel momento.

Il brand verrà associato a qualcosa di estremamente sovversivo, capace, appunto, di destare sorpresa.

In questo modo il marchio rimarrà ben impresso nelle mente dei clienti, anche come un qualcosa di audace e capace di rompere gli schemi.

In questo modo l'azienda acquisisce molta più visibilità, causando magari anche discussioni capaci di far diventare la propria comunicazione virale su grande scala.

Queste sono le quattro grandi macro-aree emozionali su cui i più grandi esperti di marketing lavorano.

Ovviamente questi concetti ben si integrano con quelli visti nei capitoli precedenti.

Ora che ti è stata spiegata la teoria generale e come viene utilizzata in ambito della comunicazione aziendale, è il momento di capire come queste nozioni possono tornare utili nella vita di tutti i giorni, sia professionale che personale.

In fondo, è questo ciò che ci interessa.

3.2 Come influenzare le persone tramite gli stati d'animo

Come ormai avrai capito dopo aver letto il paragrafo precedente, conoscere tutte le tecniche di vendita e le teorie psicologiche che spiegano il funzionamento del cervello umano non sempre è sufficiente.

Abbiamo infatti visto come il modo migliore per convincere le persone, anche su grande scala, sia sfruttare le loro emozioni.

Passiamo ora a qualche esempio pratico nella vita di tutti i giorni.

Quante volte ti è capitato di trovarti davanti un venditore che non ti ha convinto?

Magari questo venditore era anche estremamente preparato sul suo prodotto, capace di illustrarti passo per passo tutte le sue caratteristiche.

Magari tu eri anche interessato all'acquisto di quel determinato bene, ma, alla fine, hai preferito prendere tempo prima di comprarlo perché non eri pienamente convinto.

Questo è uno scenario in cui si possono riconoscersi moltissime persone.

Ma perché ciò accade?

Le motivazioni possono essere molteplici, come ad esempio la presentazione di un prodotto che non aderiva complctamente alle nostre esigenze, magari anche economiche.

Ma poniamo il caso che tutto fosse perfetto.

Sì, perché spesso non è sufficiente avere il prodotto giusto e la corretta preparazione per portare a termine una vendita.

Bisogna anche riuscire ad emozionare il cliente, cercando di entrare in sintonia con il proprio interlocutore.

Ovviamente questo discorso non vale solamente nel campo delle vendite, ma è applicabile a qualsiasi settore della vita, professionale e non, in cui si deve convincere qualcuno di una certa idea o di compiere una determinata azione.

Questo discorso è quindi tanto valido per un venditore di automobili, che deve convincere il cliente a comprare quel determinato modello, tanto quanto per un genitore che deve convincere il figlio a mangiare della verdura.

In entrambe questi scenari, bisogna essere in grado di convincere il proprio interlocutore a fare un qualcosa che darà sicuramente vantaggi sul lungo periodo, ma che nell'immediato obbliga a fare qualcosa di non troppo piacevole.

Il cliente dovrà sborsare dei soldi, il bambino dovrà mangiare i broccoli.

E sfido chiunque a trovare un bambino che preferisca i broccoli alla pizza.

E sfido chiunque a trovare un cliente che sia così felice di spendere soldi.

C'è un segreto per riuscire ad avere una comunicazione efficace quando bisogna convincere qualcuno a fare qualcosa di cui magari non ha troppo piacere.

Quel segreto è vendere prima se stessi, e solo successivamente il prodotto, il servizio o l'idea in questione.

Il metodo migliore e più efficace per fare ciò è sicuramente lavorare sulle emozioni e sugli stati d'animo.

È infatti stato provato che un venditore che riesce a comunicare e a trasmettere un ben preciso stato d'animo ha molte più probabilità di portare a termine una trattativa con successo.

Torniamo all'esempio fatto in apertura di paragrafo.

Perché se anche tutto andava per il meglio e il prodotto era perfetto, il cliente non lo ha acquistato?

Semplice, te lo dico subito.

Perché il venditore non gli ha trasmesso l'emozione.

Molte volte mi capita di andare in negozi e trovare venditori e commessi disponibili ad aiutare i clienti ed entusiasti del prodotto che stanno vendendo.

Ahimè, altrettante volte mi capita di avere a che fare con venditori, magari anche preparati, ma che non riescono a livello emotivo a comunicarmi perché dovrei comprare quel prodotto.

Indovinate dove farò il mio acquisto?

Scusate, domanda troppo banale: acquisterò dal primo venditore.

Questi esempi vogliono essere utili per farti capire un concetto fondamentale nella comunicazione tra persone, imprescindibile per riuscire ad influenzare le scelte altrui.

Quando parli con le persone, cerca sempre di provocare in loro uno stato d'animo: questo è il modo migliore per non lasciare il tuo interlocutore indifferente e convincerlo ad agire.

Come abbiamo visto nel primo paragrafo, le emozioni umane sono molto complicate, ma riconducibili a quattro aree: felicità, tristezza, rabbia e sorpresa.

Cerca di comunicare uno di questi stati d'animo mentre ti rapporti con le persone, che siano queste clienti, amici, parenti e così via.

Se devi vendere un qualcosa e sei magari alle prime armi, il mio consiglio è quello di puntare sulla felicità.

Questo, come abbiamo visto nel primo paragrafo, è il modo più semplice ed immediato per comunicare la bontà di un determinato bene o servizio.

Le altre tre macro-aree, per quanto anch'esse efficaci, sono molto più difficili da controllare e, usate da un utente non esperto, rischiano di provocare l'effetto opposto a quello desiderato.

Il consiglio, dunque, è quello di mostrarti sempre entusiasta di ciò che stai vendendo, trasmettendo così questa felicità anche al tuo interlocutore.

Certo, non è assolutamente facile mantenere alta quell'emozione per un periodo prolungato di tempo.

Nel paragrafo successivo ti spiegherò allora un'efficace tecnica per riuscirci al meglio.

3.3 La tecnica dell'Ancoraggio

L'**ancoraggio** è una tecnica derivante dalla **PNL**.

Per chi ancora non conoscesse la PNL (acronimo per **Programmazione Neuro Linguistica**), basti sapere che è un famoso metodo di comunicazione, oltre che ad un sistema di life coaching e self-help, nato in California negli anni Settanta e poi diffusosi in tutto il mondo.

La tecnica dell'ancoraggio riprende alcuni dettami classici della PNL per riuscire a suscitare una determinata emozione.

Con questa tecnica, infatti, viene associata una sensazione fisica ad una risposta emotiva, in modo non molto diverso da quanto si insegna nelle grandi scuole di recitazione di Hollywood.

Cerchiamo di capire questa tecnica un po' più nel dettaglio.

Uno dei punti saldi della PNL vede nel nostro stato d'animo il motore per le nostre azioni.

Di conseguenza, se non abbiamo lo stato d'animo giusto per compiere una determinata azione, non riusciremo a portarla a termine nel modo più corretto.

Un po' quello che abbiamo visto nel paragrafo precedente: se non si riesce a trasmettere la giusta emozione, sarà impossibile comunicare efficacemente un'idea.

Per ricercare il giusto stato d'animo, ecco che ci viene in aiuto la tecnica dell'ancoraggio.

Tramite questa tecnica, riusciremo a controllare quello stato d'animo.

Per farlo, prova a visualizzare intensamente un momento nel tuo passato in cui hai provato quella determinata sensazione a cui ora vuoi avere accesso.

Se vuoi comunicare entusiasmo per un'idea, devi mostrarti entusiasta; per mostrarti entusiasta, devi esserlo.

Cerca quindi di visualizzare un episodio in cui hai provato entusiasmo e tienilo bene a mente.

Bisogna poi associare a questo stato d'animo uno stimolo, il cosiddetto **trigger**.

Il trigger sarà ciò che susciterà in te quella determinata emozione; può essere una parola, un suono, un profumo, un gesto o anche una combinazione di queste cose: non fa differenza.

Ogni volta che ti servirà richiamare un'emozione, utilizza il trigger per farlo.

Ma non è tutto.

Sì, perché una volta diventati esperti dopo aver usato per molto tempo questa tecnica su di sé, sarà possibile utilizzarla direttamente sul proprio interlocutore.

Per farlo, che ne sia più o meno a conoscenza, bisogna guidarlo, facendogli rivivere un determinato stato d'animo.

Una volta che il tuo interlocutore è in quello stato d'animo, bisogna associare il trigger.

A questo punto, non resta che richiamare lo stato d'animo quando necessario tramite il trigger a cui è stato ancorato.

Se non conoscevi già questa tecnica, immagino che tu possa pensare a quanto sia banale e, probabilmente, inefficace.

Bene: non è così.

Certo, è una tecnica dalle basi semplici, ma ti assicuro che non è così facile da applicare nella pratica.

Per questo motivo ti consiglio di allenarti parecchio prima di utilizzarla in una trattativa importante.

Per quanto riguarda la sua efficacia, c'è poco da dire.

Questa tecnica è efficace.

Punto.

Te lo provo con un semplice esempio.

Sono sicuro che anche tu hai un colore, un odore, una qualche frase o un qualche gesto che ti rimanda alla mente un episodio che ti è capitato nella tua vita, magari quando frequentavi il liceo, che a sua volta ti riporta all'emozione che hai provato in quel momento.

Personalmente, posso testimoniare che ci sono molte frasi e gesti che mi riportano alla mente episodi della mia adolescenza e della mia infanzia, facendomi provare a volte felicità, a volte rabbia, tristezza e via dicendo.

Ecco, questi sono esempi, molto semplici, di ancoraggio.

L'ancoraggio infatti, non è un qualcosa di inventato, ma risponde alle logiche del nostro pensiero, sia che siamo consci di applicare questo meccanismo, sia che non lo siamo.

Un buon comunicatore deve conoscere questi metodi e deve essere capace di sfruttare queste tecniche a proprio vantaggio.

3.4 Riepilogo

In questo capitolo abbiamo visto l'importanza del conoscere le emozioni e come utilizzarle nella pratica per influenzare le scelte delle persone creando efficaci campagne marketing.

Abbiamo visto che tutte le emozioni dell'uomo sono riconducibili alle seguenti quattro aree:

- Felicità
- Tristezza
- Rabbia
- Sorpresa

Trasmettere le giuste emozioni, suscitando il giusto stato d'animo è fondamentale per avere una buona comunicazione.

Per farlo, è necessario essere prima di tutto convinti noi stessi di quella determinata emozione.

Infatti, prima di vendere il proprio prodotto o un'idea, è necessario vendere se stessi.

Comunicare emozioni è quindi il metodo più efficace per influenzare le persone.

Non è però facile mantenere una determinata emozione e trasmetterla al proprio interlocutore.

Una tecnica per fare ciò è l'ancoraggio.

Con la tecnica dell'ancoraggio si associa un'emozione che abbiamo provato in passato ad un trigger, ovvero una sorta di bottone per riportare in vita, nel momento del bisogno, un determinato stato d'animo.

Abbiamo visto come questa tecnica può tornare utile nella pratica: si può usare su se stessi per entrare in uno stato d'animo che si vuole comunicare (o anche solo per stare bene), oppure la si può usare sul proprio interlocutore per far entrare lui in un preciso stato d'animo.

Esercizi Capitolo 3

Per ogni affermazione, scegli tra "Vero" e "Falso". Le soluzioni le trovi nella pagina successiva alla fine degli esercizi.

1.   Le emozioni sono particolarmente importanti nella comunicazione tramite media, sia tradizionali che social.

☐ Vero

☐ Falso

2. Associare un'emozione ad un brand non è una buona idea di marketing.

☐ Vero

☐ Falso

3. Una buona campagna di marketing si basa sempre sulla comunicazione di un'emozione positiva.

☐ Vero

☐ Falso

4. Ci sono due tipi di modi di comunicare felicità: tramite la risata e tramite sensazioni positive.

☐ Vero

☐ Falso

5. La rabbia, se usata a dovere, è un'emozione molto utile a livello di marketing.

☐ Vero

☐ Falso

6. Lavorare sulle emozioni del proprio interlocutore è utile ed efficace nella vita quotidiana tanto quanto lo è in campo pubblicitario per le grandi aziende.

☐ Vero

☐ Falso

7. L'ancoraggio è una tecnica che permette di "ancorare" uno stato d'animo ad uno stimolo.

☐ Vero

☐ Falso

8. Il trigger è lo stimolo per mettere fine al ricordo dello stato d'animo.

☐ Vero

☐ Falso

9. Il trigger deve essere per forza uno stimolo visivo.

☐ Vero

☐ Falso

10. È possibile usare la tecnica dell'ancoraggio direttamente sul proprio interlocutore.

☐ Vero

☐Falso

Soluzioni esercizi Capitolo 3

1. Vero
2. Falso
3. Falso
4. Vero
5. Vero
6. Vero
7. Vero
8. Falso
9. Falso
10. Vero

4 Il magnetismo personale

4.1 Cos'è il magnetismo personale

Quando si parla di magnetismo personale s'incontra immediatamente un problema non da poco.

Qual è la definizione precisa del concetto di magnetismo personale?

Per quanto tutti nella pratica possiamo capire cosa sia, spiegarlo a parole e scriverlo su carta non è un compito così semplice.

Il modo migliore per fartelo capire è con un esempio che faccia appello alla tua esperienza.

Ti è mai capitato di incontrare una persona che, senza fare niente di speciale, riuscisse subito a conquistare la tua fiducia?

Una persona che ti fa venire voglia di stare in sua compagnia, senza che faccia nulla di speciale.

Ecco, se la risposta è sì, allora sappi che quella determinata persona era dotata di un gran magnetismo personale.

Il magnetismo personale, infatti, è quella sorta di misteriosa energia che alcune persone riescono ad emettere.

Un fascino particolare che questi individui riescono a provocare, anche senza fare nulla di speciale.

Non è necessario che queste persone siano particolarmente attraenti, intelligenti, simpatiche o spiritose, ma è la loro stessa presenza che riesce a provocare queste sensazioni a chi sta loro accanto.

Si potrebbe dire che le altre persone vengono automaticamente "attirate" agli individui dotati di gran magnetismo personale.

Questa analogia tra il termine "attirare" e "magnetismo" ben riesce a comunicare in cosa consiste questo fenomeno: le persone sono portate a stare vicino a questa categoria di individui, senza che magari sappiano nemmeno il perché di questa attrazione.

Come avrai ormai capito, arrivato a questo punto del libro, non mi piace soffermarmi in definizioni così generiche, ma cerco sempre di andare oltre, più in profondità.

Voglio capire il perché di un determinato fenomeno, per poi riuscire a sfruttarlo a mio vantaggio nella pratica.

Anche in questo caso, allora, proviamo a studiare il comportamento di questo tipo di persone, cercando prima di capire come fanno ad essere così affascinanti, e poi, in un secondo momento, come fare a trarre profitto nella pratica da ciò che abbiamo imparato.

Tutte le persone dotate di grande magnetismo personale, infatti, sono accomunate da alcuni atteggiamenti.

Cerchiamo di analizzarli insieme.

Al primo posto vi è l'**assenza di pensieri negativi**.

O per lo meno questo è ciò che riescono a comunicare.

Queste persone sembrano infatti riuscire a trasmettere solo vibrazioni positive, riuscendo quasi a rischiarire la stanza al loro ingresso e migliorando l'umore di chi vi sta in compagnia.

Come abbiamo visto nel capitolo precedente, per comunicare un'emozione, bisogna crederci in quell'emozione.

Di conseguenza è lecito dire che gli individui dotati di grande magnetismo personale riescono a trasmettere sensazioni positive, proprio perché sono ricchi di sensazioni positive, annullando, o per lo meno riducendo drasticamente, tutti i pensieri negativi.

Come secondo punto, c'è l'incredibile **scorta infinita di energie**.

L'avrai sicuramente notato.

Le persone dotate di un grande magnetismo personale sembrano non essere mai stanche.

Magari si svegliano presto e vanno a dormire tardi.

Magari nel corso della giornata lavorano, studiano, fanno i mestieri in casa, la spesa, cucinano e la sera escono con gli amici.

Per questo tipo di persone non esiste la scusa dell'essere troppo stanco e del non avere tempo.

Queste persone non sono mai stanche e il tempo, in qualche modo, lo trovano sempre.

Si può dire anche che questa caratteristica influenzi molto il primo punto: una persona che non si lamenta mai di quanto sia dura la sua vita e continui imperterrita a svolgere duemila compiti al giorno, emanerà sicuramente molte più sensazioni positive rispetto ad una persona che non fa altro che lamentarsi.

Arriviamo al terzo e ultimo punto, quello che, secondo me, è il più importante della lista.

Le persone dotate di grande magnetismo personale **non ricercano l'approvazione degli altri**.

Queste persone agiscono non per fare ciò che gli altri vogliono che facciano, ma agiscono esprimendo se stessi.

Così facendo, in un incredibile quanto interessante paradosso, non fanno altro che trovare ancora di più l'approvazione altrui.

Un'ottima lezioni per tutti, direi.

Queste sono le caratteristiche principali che consentono alle persone dotate di un grande magnetismo personale di attirare a sé gli altri individui, proprio come se fossero una calamita.

In questo modo, le persone dotate di grande magnetismo personale, vengono immediatamente percepite come dei leader naturali, magari senza nemmeno esserne totalmente consci.

Queste persone riescono di conseguenza ad essere subito considerate affidabili, sicure, diventando così molto più semplice per loro influenzare nelle decisioni i propri interlocutori.

Chi rientra in questa categoria di persone dalla nascita, senza essersi minimamente sforzato di acquisire le caratteristiche sopraelencate, è sicuramente una persona molto fortunata.

Se questo è il tuo caso, buon per te: ti faccio i miei complimenti.

Sono sicuro che avrai già imparato a gestire questa tua qualità sia in ambito lavorativo che nella vita privata.

Se invece non sei dotato di un grande magnetismo personale, ho una buona notizia da comunicarti.

È possibile accrescere il proprio magnetismo personale, seguendo alcuni semplici consigli.

Come farlo, te lo spiegherò nel prossimo paragrafo.

4.2 Come aumentare il proprio magnetismo personale: le regole di Atkinson

Come si diceva, è possibile lavorare per aumentare il proprio magnetismo personale, riuscendo così ad attirare a sé le altre persone.

Questa capacità può essere tanto utile nella vita privata, quanto in quella lavorativa.

Come abbiamo visto, le persone dotate di grande magnetismo personale non solo riescono ad attrarre a sé altri individui, ma riescono ad essere percepite da essi come affidabili.

Va da sé che in questo modo sarà molto più facile influenzare i propri interlocutori, convincendoli più facilmente a seguire le proprie idee e direttive.

Soprattutto per questo motivo è importante intraprendere un percorso che porti ad uno sviluppo del proprio magnetismo personale.

Molti studiosi e scrittori si sono interessati a questi argomenti, ognuno cercando di dare il proprio contributo alla diffusione di alcune determinate conoscenze in questo ambito.

Tra gli autori più apprezzati del settore, vi è sicuramente **William Atkinson**.

Atkinson è autore di diversi testi a tema magnetismo personale e, più in generale, a tema self-help.

Il libro che più di tutti è riuscito a dargli autorevolezza e fama in tutto il mondo è senza ombra di dubbio *Corso avanzato in magnetismo personale.*

Questo è un libro illuminante ed eccellente sotto tutti i punti di vista, ampiamente apprezzato nel settore.

Atkinson ha avuto un approccio duplice nella stesura di questo libro, unendo da una parte alcune sue intuizioni e studi, dall'altra le conoscenze apprese dai numerosi testi sull'argomento.

Una delle parti più interessanti del libro è quella iniziale.

Qua, Atkinson sceglie di stilare una lista di regole, utilissime per chiunque voglia accrescere il proprio magnetismo personale.

Queste regole possono essere messe in pratica da chiunque, necessitando solamente di buona forza di volontà, dando incredibili benefici.

Seguendo attentamente questi punti, riuscirai ad intraprendere un percorso di crescita che ti porterà a sviluppare il tuo magnetismo personale, aiutandoti di conseguenza ad aver un maggior fascino sulle persone.

Come abbiamo visto, un maggior fascino corrisponde ad una maggiore facilità nell'influenzare le scelte altrui.

Dopo questo preambolo, è finalmente giunto il momento di vedere le **regole di Atkinson** per aumentare il proprio magnetismo personale.

Il primo punto è **credere in se stessi**.

Sì, lo so.

Questo è un assunto tra i più inflazionati nel mondo della crescita personale.

In questo caso, però, ti vorrei far notare che se vuoi accrescere il tuo magnetismo personale è sicuramente necessario essere dotati di una buona autostima, ma questa caratteristica da sola non può essere sufficiente.

Non devi cadere nell'errore di illuderti di avere competenze che non hai: se ti vanti troppo senza mostrare le prove delle tue capacità, perderai autorevolezza agli occhi del tuo interlocutore, che non farà altro che reputarti un ciarlatano.

Prima ancora di credere in te stesso, il consiglio che mi sento di darti è quello di conoscere te stesso e capire quali siano le tue reali abilità: avrai poi sempre tempo per acquisirne altre.

Questo è il primo passo per sviluppare il tuo magnetismo personale.

La seconda regola è quella di **decidere di credere con in se stessi**.

Credere in se stessi non è sufficiente anche da un secondo punto di vista.

Se non si agisce, tutto il discorso viene meno e i miglioramenti, conquistati con tanto impegno, diventano inutili.

Per agire con sicurezza e coraggio, è necessario che tu compia un passaggio conscio in cui scegli di comportarti con autostima.

Le persone intorno a te se ne accorgeranno.

Proseguendo, troviamo la **consapevolezza nei propri strumenti**.

Cerca di capire quali siano le caratteristiche che attualmente possono permetterti di sviluppare il tuo magnetismo personale.

In poche parole, comprendi quali sono i tuoi punti di forza e utilizzali come base per sviluppare le tue discussioni.

D'altra parte, però, cerca di comprendere in cosa non sei bravo, cercando di migliorare in quel determinato campo se lo ritieni importante.

Per farlo, puoi non solo osservare i tuoi comportanti, comprendendo i punti in cui sei in difficoltà durante una conversazione, ma lo puoi fare anche osservando persone che ritieni essere dotate di grande magnetismo personale, cercando di comprendere quali siano i loro punti di forza per farli diventare anche i tuoi.

Alcuni spunti interessanti sul comportamento tipico di questa categoria di persone te li ho spiegati nel primo capitolo: prendili come punto di partenza, ma sentiti libero di implementare la lista con altre tue intuizioni.

Scegli quindi in quale campo migliorare per sviluppare il tuo magnetismo personale.

A questo punto può tornarti utile il seguente consiglio.

Prendi un quadernino e appuntati ogni volta che noti miglioramenti nelle tue capacità comunicative.

Annotati anche i tuoi punti carenti: ti serviranno per migliorare sempre di più.

La quarta regola di Atkinson ti intima di **non parlare a vanvera**.

Non dire qualcosa se non sei sicuro di ciò che stai dicendo o se la conosci solo per sentito dire.

La parola è un'arma molto importante: non abusarne.

Come accennato nel primo punto, inoltre, dire cose false è solamente controproducente per la tua credibilità.

Proseguiamo con la quinta regola: **non essere egoista**.

Questo non vuol dire privarsi di quel sano egoismo verso se stessi: questa è la forza che ti fa diventare ambizioso.

Con questa regola, Atkinson ti consiglia di condividere le tue risorse, le tue conoscenze e apprezzare la compagnia dei tuoi cari.

Facendo ciò diventerai una persona più positiva, riuscendo di conseguenza a trasmettere più facilmente sensazioni positive.

La sesta regola di consiglia di **trattare le persone con tatto**.

Essere maleducati e "oltrepassare il limite", non farà altro che spingere le persone con cui ti stai interfacciando ad alzare un muro nei tuoi confronti.

Di conseguenza diventerà molto più complicato persuaderle ed influenzarle.

Mostrandoti gentile, invece, riuscirai ad aumentare il tuo magnetismo personale, guadagnando così la fiducia delle persone.

Un punto davvero molto importante è quello di **adattarsi al contesto in cui ci si trova**.

Cerca di comprendere i comportamenti delle persone che ti circondano in un determinato momento e gli usi sociali dell'ambiente in cui ti trovi.

Facendolo, ricordati sempre di apparire naturale, senza far percepire che magari lo stai facendo solo per ottenere un vantaggio, come ad esempio vendere un prodotto: le persone lo percepiscono.

Presta molta attenzione a questa abilità: adattarsi velocemente e con facilità in qualsiasi contesto sociale, è un punto importantissimo per sviluppare il proprio magnetismo personale.

Altro punto molto importante è l'ottava regola: **tieni sempre la mente aperta**.

Avere la mente aperta è una caratteristica comune a tutte le persone di successo.

Dire sempre di no alle nuove opportunità e mostrarsi costantemente reticente, non farà altro che spingere i tuoi interlocutori ad alzare un ulteriore muro alle tue proposte.

Prova a ragionarci.

Se ogni volta che ti propongono un qualcosa tu dici di no, perché poi quando sarai tu a proporre loro una tua idea la gente dovrà dirti di sì?

Ecco, tieni bene a mente questa domanda.

Certo, non ti sto dicendo di accettare tutto ciò che ti viene proposto: sarebbe stupido.

Ti sto però dicendo che devi sempre dimostrarti interessato ed ascoltare le proposte altrui, per poi valutare con razionalità le tue decisioni.

Mostrarti quantomeno interessato, farà in modo che anche gli altri saranno interessati a te.

Regola numero nove: **sii elegante**.

No, non devi andare sempre in giro in smoking: devi essere elegante nell'atteggiamento.

Questo punto ben si integra con l'adattarsi a contesti diversi.

Cerca di comprendere sempre se con una determinata persona, o in compagnia di un certo gruppo, puoi permetterti di essere sarcastico o fare un certo tipo di battute.

Questo è un punto molto delicato: fare un'uscita poco elegante, una cosiddetta "caduta di stile", può completamente azzerare il tuo magnetismo.

Prima di fare, ad esempio, una battuta, rifletti bene su come i tuoi interlocutori la valuteranno: divertente o poco elegante?

Arrivati quasi alla fine della lista, troviamo la decima regola: **mantieni l'autocontrollo**.

Anche qua torna il concetto della comunicazione delle emozioni (sei convinto ora della sua importanza?): se riesci a controllare le tue emozioni, sarà più facile controllare anche quelle del tuo interlocutore, attirandolo a te e influenzando le sue scelte.

Se invece non sei abile a controllare le tue emozioni, ti sarà molto più difficile controllare anche quelle del tuo interlocutore.

In ultimo, non in ordine di importanza, **impara ad usare il tuo sguardo**.

Lo sguardo è il punto di ingresso tramite il quale due persone entrano in contatto, nonché il modo migliore per esternare il proprio stato d'animo.

Lo sguardo è quindi un fattore d'importanza cruciale in tutte le tecniche di comunicazione: se riesci a controllare il tuo sguardo, usandolo per esprimere la tua sicurezza, riuscirai ad accrescere a dismisura il tuo magnetismo personale.

Queste sono le regole chiaramente esplicitate da Atkinson.

Leggendole, si potrebbe affermare con sono riassumibili in tre grandi macroaree:

1) **Padronanza di se stessi**: conosci le tue abilità e lavora sia per agire con sicurezza, sia per acquisire nuove competenze

2) **Mentalità aperta**: tieniti sempre pronto ad ascoltare nuove proposte e non mostrarti mai reticente a priori verso le idee altrui. Mostrati sempre generoso e ben disposto verso le altre persone, ma non per questo falso

3) **Adattabilità**: modula le tue emozioni per adattarti in ogni contesto. Valuta chi hai davanti e comportati di conseguenza. Ricordati che ogni persona risponderà diversamente a una determinata affermazione, domanda o battuta, quindi pensa bene a cosa dire e a come dirlo prima di parlare.

Se tieni bene a mente queste istruzioni e le applichi nella pratica, sicuramente riuscirai a sviluppare un gran magnetismo personale, aumentando di conseguenza il potere di persuasione che puoi avere sulle altre persone.

Certo, lo so: alcune di queste regole sono difficili da seguire, in particolar modo quelle che ci obbligano a mutare alcuni atteggiamenti dettati dal nostro carattere e ormai sedimentati nel nostro *Io*.

Come detto ad inizio del paragrafo, infatti, è possibile sviluppare il proprio magnetismo personale anche per coloro che non ne sono naturalmente dotati in gran quantità, ma per farlo sono ingredienti necessari la perseveranza e una grande forza di volontà nell'applicazione pratica.

D'altronde, le cose migliori della vita non possono mica essere alla portata di tutti.

4.3 Riepilogo

In questo capitolo abbiamo visto come per alcune persone sia più facile rispetto che per altre attirare a sé e influenzare la gente.

Le persone a cui questo compito risulta più facile sono coloro che sono dotate di un maggior magnetismo personale.

Il magnetismo personale, infatti, è quella capacità per cui si riesce ad attirare a sé le persone e a risultare a queste immediatamente affidabili.

In generale le persone dotate di grande magnetismo personale presentano almeno queste tre caratteristiche:

1) Assenza di pensieri negativi
2) Grande riserva di energie
3) Non ricerca dell'approvazione altrui

Ci sono persone che nascono con un gran magnetismo personale e persone che purtroppo non hanno questa fortuna.

Fortunatamente è possibili per tutti sviluppare il proprio magnetismo personale e farlo è un ottimo modo per riuscire ad influenzare più facilmente le persone

Ci sono diversi metodi per raggiungere questo obiettivo.

Tra questi, uno dei più apprezzati è quello di Atkinson.

Atkinson ha stilato una lista di regole da seguire nella pratica per sviluppare il proprio magnetismo personale, ovvero:

- Credi in te stesso
- Decidi di credere in te stesso

- Sii consapevole dei tuoi strumenti
- Non parlare a vanvera
- Non essere egoista
- Tratta le persone con tatto
- Adattati al contesto in cui ti trovi
- Tieni la mente aperta
- Sii elegante
- Mantieni sempre l'autocontrollo
- Impara ad usare il tuo sguardo

Queste regole possiamo riassumerle in tre grandi concetti:

1) Padronanza di se stessi
2) Mentalità aperta
3) Adattabilità

Tenere bene a mente e applicare queste regole, nella pratica, può non rivelarsi facile, ma sicuramente farlo costituisce un passo importante verso lo sviluppo del proprio magnetismo personale, facilitando di conseguenza l'efficacia delle tecniche di persuasione.

Esercizi Capitolo 4

Per ogni affermazione, scegli tra "Vero" e "Falso". Le soluzioni le trovi nella pagina successiva alla fine degli esercizi.

1. Si è più portati a fidarsi delle persone dotate di grande magnetismo personale.

☐ Vero
☐ Falso

2. Le persone con grande magnetismo personale appaiono spesso molto energiche.

☐ Vero
☐ Falso

3. Le persone con grande magnetismo personale ricercano sempre l'approvazione del proprio interlocutore.

☐ Vero
☐ Falso

4. Le uniche persone dotate di magnetismo personale sono coloro con un aspetto molto attraente.

    ☐ Vero

    ☐ Falso

5. Si può sviluppare il proprio magnetismo personale attraverso un percorso di crescita.

    ☐ Vero

    ☐ Falso

6. Avere una buona autostima, se supportata dai fatti, aiuta il proprio magnetismo personale.

    ☐ Vero

    ☐ Falso

7. Per sviluppare il tuo magnetismo personale è necessario che in una discussione tu dica sempre la tua opinione, anche se non sei sicuro di ciò che dici.

    ☐ Vero

☐ Falso

8. Per sviluppare il tuo magnetismo personale, tieni per te le tue conoscenze.

☐ Vero
☐ Falso

9. Per sviluppare il tuo magnetismo personale, cerca sempre di fare battute per apparire più simpatico.

☐ Vero
☐ Falso

10. Avere una mentalità aperta è fondamentale per sviluppare il proprio magnetismo personale.

☐ Vero
☐ Falso

Soluzioni domande Capitolo 4

1. Vero
2. Vero
3. Falso
4. Falso
5. Vero
6. Vero
7. Falso
8. Falso
9. Falso
10. Vero

5 La comunicazione ipnotica

5.1 Cos'è la comunicazione ipnotica

Quando si parla di manipolazione mentale e tecniche di persuasione diventa impossibile non fare per lo meno un accenno alla comunicazione ipnotica.

Con comunicazione ipnotica non si intende il metodo con cui praticare ipnosi, costringendo di conseguenza i nostri interlocutori a dire o fare cose.

La comunicazione ipnotica è invece un modo di comunicare, che non riguarda solo cosa si dice, ma anche e soprattutto come lo si dice.

La comunicazione ipnotica è quindi un atteggiamento: un modo di porsi per facilitare l'instaurazione dell'empatia con il proprio interlocutore.

Come abbiamo visto nei capitoli precedenti, questo è un passaggio molto importante per rendere più efficace l'applicazione pratica delle tecniche di persuasione.

Prima di procedere a spiegarti nella pratica in cosa consiste la comunicazione ipnotica, e perché certi atteggiamenti possono aiutarti e altri no, devo per forza insegnarti un concetto molto importante sulla comunicazione.

Per influenzare le scelte di una persona, l'importante non è tanto cosa si dice, ma come lo dice.

Questa affermazione ti potrà sembrare strana, ma la verità è questa.

Numerosi studi hanno infatti dimostrato come le **parole** utilizzate in un discorso e in una trattativa, ne influenzino l'esito solamente per il 7%.

Il restante 93% è invece occupato dalla **voce** e dal **linguaggio del corpo**, fattori che emergono così come molto più importanti rispetto al vero contenuto del dialogo.

In particolare, si è visto come la voce sia capace di influenzare l'esito di una discussione per circa il 38%, mentre il linguaggio del corpo, la cosiddetta comunicazione non verbale, influisce per il 55%, un numero esorbitante se si pensa che non coinvolge le parole, ovvero quelle che su un piano logico dovrebbero essere il fulcro di un dialogo!

Queste percentuali ricalcano comunque ciò che hai imparato nei capitoli precedenti: porsi con un certo atteggiamento, conoscere i principi che fanno muovere l'essere umano e far leva sulle emozioni del proprio interlocutore, sono fattori molti più importanti rispetto che a fornire, ad esempio, un semplice elenco delle caratteristiche del prodotto che si sta cercando di vendere.

Riassumendo brevemente quanto detto, prima di passare alla pratica, ricordati che per avere una comunicazione ipnotica devi stare attento a tre fattori del tuo atteggiamento: le parole, il tono di voce e il linguaggio del corpo.

Nei prossimi paragrafi vedremo passo per passo come impostare al meglio nella pratica ognuno di questi.

5.2 Le parole

Come detto, le parole, nella comunicazione ipnotica, influiscono in media solo per il 7% sul risultato finale di un dialogo, ma non per questo bisogna essere superficiali nella loro scelta.

Rimane infatti comunque molto importante saper scegliere i giusti termini per esprimere ciò che si ha in mente, altrimenti si rischia di incappare in errori banali, che possono mandare a monte l'impegno messo per raggiungere il proprio obiettivo nella discussione.

Per prima cosa, devi essere preparato sul discorso.

Il contenuto rimane sempre il fulcro in un dialogo, soprattutto in una trattativa.

Non parlare quindi a vanvera, ma cerca sempre di padroneggiare i giusti concetti per comunicare ciò che ti sei prefissato.

Se ad esempio devi vendere un immobile, è necessario che tu sappia padroneggiare al meglio i termini, sia tecnici che popolari, per riuscire a mettere in risalto quel determinato bene che stai cercando di vendere.

Tuttavia, questo è solo il primo passo.

Rimanendo in questo contesto, voglio farti notare come ci siano alcuni termini capaci di causare reticenza nel tuo interlocutore, quando possono tranquillamente essere sostituiti con altre parole più morbide e meglio digeribili in un discorso.

Il caso più lampante riguarda quelle parole classificate come **connettivi psicologici**.

Rientrano in questa categoria i termini "oppure", "ma", "però", "e", "tuttavia".

Ognuno di questi termini ha una funzione ben specifica nella lingua italiana, ma se si sta cercando di applicare delle tecniche di persuasione sul proprio interlocutore, alcune di queste parole sono da evitare, in favore di altre.

Facciamo qualche esempio.

Si sente spesso dire "tutto ciò che viene prima del «ma» non conta", e nel nostro cervello funziona proprio così!

Il "ma", così come il "però", sono degli utili connettori logici nella lingua italiana.

Il problema principale, nel contesto della comunicazione ipnotica, è che queste parole diano, più o meno consciamente, l'idea che tutto ciò è stato detto fino a quel momento sia completamente da annullare.

Tutto falso o inutile.

Prova a ragionare su questa frase.

"Ci ho provato con tutto me stesso, **ma** ho fallito".

Secondo te, qual è il messaggio principale che passa?

La risposta è ovviamente che il messaggio che rimane più impresso nella mente del tuo interlocutore è "ho fallito", diminuendo di conseguenza drasticamente l'importanza dell'*averci provato*.

In un normale dialogo o in un libro, l'utilizzo del "ma" va sicuramente molto bene, anzi potrebbe addirittura causare effetti linguistici particolari e desiderati dall'autore.

Quando si parla di comunicazione ipnotica, no: queste parole sono da evitare.

Cerca di sostituire termini fortemente avversativi, come appunto "ma" e "però", con parole più leggere, ad esempio "tuttavia".

Il tuo messaggio in questo modo passerà in modo più agevole e con più efficacia.

La migliore parola in questo contesto rimane "oppure".

Usando "oppure", se ad esempio stai mostrando in una trattativa due opzioni, una con dei vantaggi e l'altra con altri, riuscirai a mostrare la giusta enfasi ed attenzione su entrambi i prodotti, facendo emergere il secondo (quello introdotto da "oppure") come un qualcosa che il cliente, senza il tuo intervento, non avrebbe mai pensato.

Utilizzando "e", invece, si darà l'idea di offrire due alternative ugualmente valide.

In generale, è lecito affermare che, se stai cercando di influenzare le scelte del tuo interlocutore, è bene evitare l'uso di termini troppo duri, soprattutto quando si tratta di questi connettivi psicologici, favorendo invece parole più morbide e facilmente digeribili per chi ti ascolta.

5.3 La voce

La voce, come abbiamo visto, è il secondo fattore della comunicazione ipnotica.

Fattore, tra l'altro, molto più importante rispetto alle singole parole.

La voce è determinante nella comunicazione, in quanto è uno dei mezzi principali per comunicare le nostre emozioni.

Tuttavia, rispetto alle parole, è molto più difficile da controllare.

Per questo motivo, se riesci a dominare questo fattore, durante le conversazioni apparirai più sincero e naturale, riuscendo così ad influenzare più facilmente i tuoi interlocutori.

Per farlo, devi prima di tutto comprendere da cosa è composta la voce.

Possiamo dividere la voce in tre fattori differenti, che, uniti, caratterizzano il modo con cui ci esprimiamo.

Questi tre fattori sono il tono di voce, il volume e la velocità.

Ma quali sono le caratteristiche che deve avere una voce nella comunicazione ipnotica?

Hai presente quel tuo professore al liceo che parlava sempre con lo stesso tono di voce piatto annoiandoti a morte?

Ecco: tu cerca di evitare questo effetto.

La voce, infatti, deve avere musicalità, modulandosi su vari toni, cambiando il volume e la velocità delle nostre parole.

Vediamo come fare nella pratica.

Il primo punto che andiamo ad analizzare è il **tono della voce**.

Questo non deve essere né troppo acuto o troppo grave; né troppo nasale o troppo toracico.

Il tono della tua voce deve modularsi su una frequenza che potremmo definire media.

Quel tipo di frequenza tipica della voce che senti nascere tra la bocca e la gola.

Può non essere semplice trovare il tono giusto: ognuno di noi nasce con una propria frequenza naturale e cercare di cambiarla può richiedere molto impegno.

Per farlo, è necessario impegnarsi ed allenarsi molto.

Un ottimo modo è quello di leggere ad alta voce un libro, ricercando proprio quel tono giusto nella tua voce.

In questo esercizio ti consiglio di registrarti: la voce che senti tu, non è quella che sentono gli altri, registrarti ti aiuta quindi a capire come le persone percepiscono la tua voce.

Trovato il tono giusto, cambialo.

Non sto scherzando.

Quel tono deve fungere solo come partenza per la tua comunicazione.

Per evitare di fare come quel professore di liceo, modula continuamente il tono, facendolo diventare al bisogno leggermente più acuto o leggermente più grave.

In questo modo riuscirai da una parte a comunicare meglio il tuo stato d'animo (e ad influenzare quello del tuo interlocutore), dall'altra parte riuscirai a mantenere sempre alta l'attenzione di chi ti ascolta.

Stesso discorso vale per il **volume**.

Non deve essere né troppo alto, né troppo basso.

Un volume troppo alto farà risultare la tua comunicazione aggressiva e confusionaria, tuttavia sembrerai insicuro se utilizzerai un volume troppo basso.

Anche in questo caso, ricerca la via di mezzo, per poi andare a modulare il volume seguendo le parole del discorso.

Questo ragionamento è però solo in parte applicabile alla **velocità**.

In questo caso bisogna sì saper modulare le pause, ma il discorso si fa leggermente diverso per quanto riguarda il numero di parole per minuto.

Devi sapere che in media il cervello umano riesce a pensare circa seicento parole da dire ogni sessanta secondi.

D'altra parte, però, non ne riesce a metabolizzarne altrettante.

Il numero giusto di parole da comunicare al minuto si aggira quindi tra le 125 e le 150, un numero adeguato per esprimere i giusti concetti, scandire bene ogni parola e non risultare confusionari.

Questi, in sostanza, sono i fattori che condizionano come viene percepita la tua voce.

Cerca di prestarci la dovuta attenzione.

Ovviamente non è necessario contare precisamente quante parole dici al minuto, oppure impostare un timer per cambiare ogni dieci secondi precisi tono e volume della tua voce.

Devi semplicemente ricercare una sorta di musicalità nel tuo modo di esprimerti, in modo da riuscire ad attirare e mantenere l'attenzione del tuo interlocutore e ad accompagnare il ritmo e la sostanza delle tue parole.

5.4 Il linguaggio del corpo

Veniamo ora al punto più importante della comunicazione ipnotica: il linguaggio del corpo.

Devi prestare molta attenzione a questo fattore: come abbiamo visto nella prima parte, la comunicazione non verbale è capace di influenzare per il 55% un dialogo.

È lecito quindi affermare che è proprio il linguaggio del corpo il campo su cui si gioca la partita più importante a livello comunicativo.

Un determinato gesto, una determinata espressione o postura, sono in grado di far cambiare completamente i binari della comunicazione, facilitando o mettendo in seria crisi il tuo obiettivo di influenzare le scelte dei tuoi interlocutori.

Le caratteristiche del linguaggio del corpo e i fattori che lo condizionano sono tanti.

Mani, piedi, volto, posizione delle braccia e delle spalle o inclinazione della testa: sono tutti interessantissimi punti da studiare e che possono fare la differenza.

Per renderti il discorso di più facile comprensione e per spostarlo immediatamente sul lato pratico, ti illustrerò alcuni comportamenti tipici delle persone, spiegandoti il modo giusto di porti per trasmettere una certa sensazione.

Ad esempio, se vuoi spiegare qualcosa al tuo interlocutore, conferendoti anche un certo grado di autorità, il giusto modo di porti con il corpo è con una postura simmetrica e ben eretta, gesticolando leggermente con i palmi delle mani rivolti verso il basso.

Così facendo, riuscirai a trasmettere fiducia al tuo interlocutore, convincendolo più facilmente di avere una certa sicurezza su ciò che dici.

Ti sconsiglio però ti posizionare le mani sotto il mento o di metterle come a formare una pistola: in questo caso comunicherai al tuo interlocutore che pensi di essergli superiore e, anche nel caso fosse vero, evita: sicuramente non fa piacere.

Se invece vuoi dimostrarti aperto nell'ascolto e cercare di instaurare un legame empatico con il tuo interlocutore, assumi una posizione eretta, ma più rilassata, gesticolando con i palmi delle mani verso l'alto.

Interessante è anche l'atteggiamento accusatorio, con il baricentro che si sposta in avanti, condito magari con il classico dito teso verso l'interlocutore.

Una cosa che rimane sempre molto importante da ricordare, è il fatto di prestare attenzione anche all'**ascolto attivo**.

Ciò vuol dire ascoltare sempre il proprio interlocutore, senza interromperlo, senza distrarsi e senza assumere atteggiamenti remissivi, simboleggiati, ad esempio, dalle braccia conserte.

Se non assumi posizioni che comunicano un ascolto attivo, il tuo interlocutore percepirà il tuo disinteresse, cosa che sicuramente vuoi evitare.

Ora, unendo insieme tutti i fattori che ti ho elencato, partendo dalle parole, passando per la voce e giungendo al linguaggio del corpo, hai tutte le nozioni che ti servono per iniziare a sviluppare la tua comunicazione ipnotica.

5.5 Riepilogo

In questo capitolo abbiamo visto come la comunicazione ipnotica sia un particolare modo di porsi al fine di influenzare le scelte del proprio interlocutore.

La comunicazione è divisa in tre fattori, in ordine di importanza:

1) Parole
2) Voce
3) Linguaggio del corpo

Per quanto riguarda le parole è necessario, in prima battuta, sceglierle e padroneggiarle sulla base di ciò che si vuole comunicare.

In secondo luogo, è bene evitare parole che vengono percepiti come troppo avversative (ad esempio "ma"), preferendo termini più facilmente metabolizzabili (come "oppure").

La voce è influenzata a sua volta da tre fattori:

1) Tono
2) Volume
3) Velocità

Per tutti questi tre fattori è necessario non esagerare nei due estremi (troppo o troppo poco) preferendo assumere valori intermedi.

Ad esempio, il tono di voce non dovrà essere né troppo acuto, né troppo grave.

Infine, il punto più importante: il linguaggio del corpo.

Il discorso qua è molto più complicato, coinvolgendo un numero maggiore di fattori.

Ai fini pratici, è sufficiente conoscere quali comportamenti e gestualità assumere per raggiungere i propri fini.

Ad esempio, assumere una posizione eretta e simmetrica, gesticolando con i palmi verso il basso, conferisce autorità alle parole.

Seguendo queste istruzioni, diventerà molto più semplice attirare l'attenzione dei propri interlocutori e mantenerla alta per tutta la durata della conversazione.

Esercizi Capitolo 5

Per ogni affermazione, scegli tra "Vero" e "Falso". Le soluzioni le trovi nella pagina successiva alla fine degli esercizi.

1. In un discorso, le parole sono il fattore più importante.

   ☐ Vero

   ☐ Falso

2. Nella comunicazione ipnotica, il fattore delle parole coincide con quello della voce.

   ☐ Vero

   ☐ Falso

3. In una trattativa, l'utilizzo della parola "ma" è sconsigliato.

   ☐ Vero

   ☐ Falso

4. "Oppure" è un termine ottimo da utilizzare in una trattativa, in quanto permette di mettere in luce due opzioni in modo molto morbido e senza escluderne una.

   ☐ Vero

   ☐ Falso

5. La voce è influenzata da tre fattori: tono, volume e velocità.

☐ Vero

☐ Falso

6. È bene avere un tono di voce molto grave: è rassicurante e conferisce autorevolezza.

☐ Vero

☐ Falso

7. In un discorso, è altamente consigliato modulare costantemente il tono di voce per mantenere alta l'attenzione di chi ascolta.

☐ Vero

☐ Falso

8. Tenere un volume di voce molto alto può comunicare all'interlocutore aggressività.

☐ Vero

☐ Falso

9. Per conferirsi autorevolezza è consigliato mantenere una posizione ben eretta e simmetrica.

☐ Vero

☐ Falso

10. Per avere un ascolto attivo devi interrompere il tuo interlocutore mentre parla.

☐ Vero
☐ Falso

Soluzioni domande Capitolo 5

1. Falso
2. Falso
3. Vero
4. Falso
5. Vero
6. Falso
7. Vero
8. Vero
9. Vero
10. Falso